거짓말 구분법

이드페이퍼 지음

진실을 보는 눈

데이원

목차

여는 말 · 004

거짓의 기원 · 008
거짓의 패턴 · 024
  1. 미술 · 026
  2. 문학 · 068
  3. 인간 · 114

**거짓말쟁이를 가장 쉽고 빠르게
구분하는 방법** · 194

맺음말 · 210
참고 · 212

여는 말

어떤 할머니가 9살짜리 손자를 때려 숨지게 한 사건이 있었습니다. ("왜 거짓말 해"…할머니가 손자 때려 숨지게 해, MBN, 2015.03.28.) 손자가 돈을 훔친 것이 문제가 됐는데, 할머니는 아이가 돈을 훔쳐서 화가 난 게 아니라 거짓말을 해서 화가 났다고 합니다. 사실대로 말하라는데 자꾸 거짓말을 하니까, 훈육을 핑계로, 화가 나서 사람을 죽인 것입니다. 사람들은 거짓말에 과도한 알레르기 반응을 보입니다.

더러는 어떤 행위와 결과보다 거짓말을 했다는 점을 더 문제 삼습니다. 아마도 자신이 무시당했다고 느끼는 심리 때문일 것입니다. 그 사람이 무엇을 했는지가 아니라, 나를 대하는 태도가 더 중요하다는 감정에서 비롯된 반응일 것입니다.

사람은 누구나 거짓말을 합니다. 특히 어린이들은 자기도 모르게 습관적으로 거짓말을 합니다. 아이가 어딘가 잘못돼서, 나쁜 유전자를 타고 나서 거짓말을 하는 게 아니라 그게 원래 자연 습성이라 거짓말을 하는 것입니다. 할머니가 '거짓말은 인간의 습관화된 사회생활'이라는 사실을 이해했다면 비극은 일어나지 않았을 것입니다. '거짓말은 어쩔 수 없는 일'이라고 생각하고 문제 해결에 집중했을 것입니다. 우리는 인간의 말과 행동에 대해 더 많은 걸 이해할수록 더 많은 사람들에게 너그러워질 수 있습니다. 충동적·극단적 행동을 자제하고 상황을 개선할 방법을 찾을 수 있습니다.

우리는 이 책에서 거짓말의 생리를 배웁니다. 거짓말을 적대시하는 것이 아니라 이해하고 대처하는 법을 배웁니다. 거짓말의 생리를 이해해야 사람에 대해 더 많은 걸 이해할 수 있습니다. 인간의 말과 행동 그 결과를 꿰뚫어 볼 수 있습니다. 그래야 거짓말 때문에 겪는 비극을 최소화할 수 있습니다.

우리는 이 책에서 2가지 거짓말을 배웁니다.

1) 예술 창작에서의 거짓말
2) 인간의 거짓말

우리는 예술 창작에서의 거짓말을 통해 사람의 진심을 판별하는 법을 배웁니다. 그 사람이 남긴 글이나 그림에 어떤 마음, 어떤 의도, 어떤 심리가 숨어 있는지 이해하게 됩니다. 그래서 어떤 글과 그림이 진실된 것이고, 어떤 것이 그렇지 않은 것인지 구분하게 됩니다.

　우리는 인간의 거짓말로 인간을 판별하는 법을 배웁니다. 그 사람의 말과 행동을 통해 이 사람이 내게 해로운 사람인지, 무해한 사람인지, 도움이 될 사람인지 구분하게 됩니다. 정말로 믿을 수 있는 사람은 어떤 말과 행동을 하는지, 겉보기에 선량해 보이는, 착하고 매력적으로만 보이는 배신자는 어떤 말과 행동을 하는지 배우게 됩니다. 내 인생을 망치고 불행하게 만들 사람을 가려내고, 내게 도움이 되는, 진실한 사람만 골라 가까이하는 법을 배웁니다.

　우리는 거짓말을 자연의 흐름으로 이해합니다. 거짓말 없는 세상도 없고, 거짓말하지 않는 사람도 없습니다. 우리는 거짓말을 하지 않는 법을 배우는 게 아니라, 거짓말과 함께 사는 법을 배웁니다. 세상에 수없이 존재하는, 결코 사라질 수 없는 '거짓말'이라는 자연 현상'에서 살아남는 법을 배웁니다.

거짓의

기원

인간은 말보다 거짓말을 먼저 배운다. 말을 배우기 전에 인간은 거짓말을 한다. 2살짜리 아이가 입에 초콜릿을 잔뜩 묻히고 초콜릿 먹은 적 없다고 고개를 절레절레 흔드는 광경은 흔하다. 물론, 말을 배우면 가장 먼저 하는 말도 거짓말이다.

거짓말은 '말'이 아니라 본능이다. 인간은 말을 할 줄 알기 때문에 거짓말을 하는 것이 아니라 자연이 부여한 본능 때문에 거짓말을 한다. '거짓말'은 오래된 자연 진화의 결과이며, 거짓말을 하는 것은 인간뿐이 아니다. 포유류, 파충류, 곤충, 심지어 식물도 거짓말을 한다.

— 특정 야생난Ophrys sphegodes은 수분 가능성을 높이기 위해 암컷 벌 모양을 한 꽃을 피워 수컷 벌을 유혹한다.
— 물떼새 어미는 알을 품는 기간 동안 둥지 근처에 천적이 나타나면 일부러 날개와 발을 저는 시늉을 해 적을 자기 쪽으로 유인한다.
— 미국 캘리포니아의 고릴라 재단에서 인간의 언어를 습득 중인 고릴라 '코코'는 고양이를 애완동물로 키우는데, 자신이 연구실 기물을 파손하거나, 먹이를 훔쳐 먹은 뒤에는 "고양이가 그랬다"고 연구원들에게 거짓말을 한다.
— 야생 침팬지는 무리 지어 채집을 나갈 때 맛있는 먹이를 발견하면 아무것도 못 본 척 연기를 했다가 나중에 혼자 먹으러 온다. 이때 침팬지 동료 중 일부는 수상한 연기를 하는 녀석의 거짓말을 눈치채고 몰래 따라가 먹을 것을 빼앗아 먹기도 한다. (관련 기사: Natural born liars, Maryke Steffens, 31 July 2003)

두뇌가 발달한 종일수록 거짓말의 횟수가 늘고, 다양해지며, 정교해진다. 거짓말은 고등 지능의 산물이다. 지능이 갖춰져야 거짓말을 이해한다. 뇌가 충분히 발달하지 않은 생후 1년 이하 유아들은 거짓말의 개념을 받아들이지 못한다. 거짓말을 하기 시작하는 2-3살짜리의 거짓말도 사실은 상대를 속이기 위한 거짓말이 아니라 "내가 그러지 않았다"고 억지 부리는 것에 불과하다. '내가 상대를 속인다' 그리고 '상대가 나를 속인다'는 것이 무엇인지 깨닫기 위해서 인간의 뇌는 그 후로 몇 년을 더 성장해야 한다. 뇌가 충분히 발달하고 나서야 거짓에 대한 개념 파악을 하고, 의도적으로 남을 속이고 거짓말하는 방법을 익힌다.

거짓말은 오래전부터 고등 동물들의 생존 수단이었다. 특히 인간은 언어 체계가 발달하고 서로 간의 이해관계가 복잡해지면서 거짓말이 개인의 삶, 인간관계, 비즈니스, 문명의 필수 요소로 자리잡았다. 우리는 거짓말의 근원을 생각한다. 인간의 거짓말이 근본적으로 어디서 비롯된 것인지 생각해 본다. 인간의 거짓말은 분명 야생난이나 침팬지의 거짓말과 다르다. 인간의 거짓말은 비교가 불가능할 정도로 적극적이고 의도적이며 정교하다. 왜냐하면 언어를 사용하기 때문이다. 언어가 곧 거짓말이기 때문이다.

우리는 '꽃'이라는 단어를 '식물에서 씨를 만들기 위해 번식 기능을 수행하는 생식 기관'이라는 생물학적 정의로만 사용하지 않는다. 꽃남, 꽃길, 꽃신… 꽃이라는 단어의 절반 이상은 실제 꽃이 아닌 은유적 목적으로 사용된다. 즉, 실제가 아닌 허상, '진짜 꽃'이 아닌 '가짜 꽃'인 셈이다. 은유적 표현이 아니라도 "거기 꽃이 있었어요" 같은 사실 진술 역시 그렇다. 본인은 사실이라고 주장하지만, 그게 정말 사실인지 거짓말인지는 아무도 모른다. 실제 거기에 꽃이 있었다는 증거가 있지 않는 한, 그 사람의 말은 아무도 확인할 수 없는 그저 말뿐이다. 왜. 언어란 원래 거짓이기 때문이다. 언어는 진상을 전달하기 위한 도구다. 진상을 대변하는 허상인 것이다.

"산은 산이요, 물은 물이다." 성철 스님이 남긴 말은 언어의 본질을 이야기한다. 언어는 곧 거짓이며, 본질을 흐리는 것이라고. 산에 대해 더 많은 걸 이야기할수록, 물에 대해 더 많은 걸 말할수록, 본질에서 더 멀어지는 것이다. 언어는 본질적으로 진실이 아닌 허상이기 때문이다. 그러니 불자는 말한다. 산은 산이요 물은 물이라고. '파랑은 파랑이고, 강물은 강물이었으며'(헤르만 헤세 소설 『싯다르타』), 여기에 다른 이야기는 모두 거짓일 뿐이라고. 성철 스님의 말은 석가모니의 깨달음의 대물림이다.

책을 읽고 그 의미를 알려고 할 때, 사람들은 기호나 문자를 속임수, 우연, 무가치한 씨알이라 보지 않고, 오히려 한 자 한 자 정성 들여 읽고, 연구하고 사랑하는 것이다.

인간은 언어를 사용할 때마다 거짓의 카르마를 쌓는다. 언어를 사용하지 않을 때도 마찬가지다. 왜냐하면 인간의 생각과 기억 자체가 사실이 아닌 거짓에 기반하기 때문이다. 아래 뇌과학자의 기고문을 보면 인간의 기억이 얼마나 무서울 정도로 거짓투성이일 수밖에 없는지 잘 알 수 있다.

전통적으로 많은 사람들은 기억을 컴퓨터 하드 디스크에 저장된 정보처럼 생각해 왔다. 하지만 기억 조작에 관한 많은 심리학 연구들은 우리 기억이 생각보다 쉽게 변형되거나 사라질 수 있음을 암시한다. 기억은 어딘가에 숨겨진 채 풀려나기만을 기다리는 것이 아니라 변형되거나 잊힐 수 있다는 것이다. 그렇다면 이런 기억 조작은 중요하지 않은 소소한 사건들에만 해당하는 것일까? 인생을 좌지우지할 수 있는 중요한 기억이 이토록 쉽게 조작된다면 어디 무서워서 인생을 살 수나 있을까? 안타깝게도 중요한 기억도 조작될 수 있다. 기억 조작에 대한 사례 가운데에는 많은 사람의 인생을 송두리째 바꿔 놓은 안타까운 일도 있었다. (참고 참조)

우리는 거짓말의 세상에 살고 있다. 인간이 곧 거짓말이고, 인간 사회도, 문명도, 거짓말이다. 영화 「매트릭스」는 공상 과학 영화가 아니라 우리 인간 문명에 대한 알레고리인 동시에 은유였다. 우리는 거짓말을 이해해야 한다. 우리는 거짓말에서 벗어난 삶을 살 수 없다. 당신이 사랑하는 책, 영화, 드라마, 연극, 뮤지컬, 음악, 미술, 디자인, 광고, 상품… 모두 공공연한 거짓말이다. 인간의 세상은 곧 거짓말의 세상이며 당신이 문명을 누리고 문명 사회의 보호를 받는 한 절대로 거짓말에서 해방될 수 없다. 우리는 지금껏 생존과 번영을 위해 거짓말을 활용했고, 앞으로 거짓말의 종류와 횟수, 방식은 수백수천 배 늘어날 것이다.

우리는 '거짓말 구분법'을 통해 우리에게 해로운 거짓말을 가려내는 법을 배운다. 거짓말의 세상에 살고 있기에 우리는 무엇이 우리에게 해로운 거짓말인지 구분하는 법을 쉽게 잊는다. 대부분의 해로운 거짓말이 달콤한 '선의의 탈'을 쓰고 있다는 사실을 알지 못하거나, 그런 사실을 알고도 애써 무시한다. 대표적으로 허위 과장 광고가 떠오르는데, 이런 공공연한 거짓말은 물건 몇 개 잘못 사는 데 그치지만, 사적인 관계에서 거짓말은 인생을 몰락시키기도 한다. (참고 참조)

지금 당장 주변을 둘러봐도 '믿을 만한 사람'을 철석같이 믿었다가 피해 본 사람들로 넘친다. 사회생활 1년만 해도 누구나 한 번은 가까운 사람의 거짓말에 속아 피해를 입는다. 거짓말이 의도가 된 것이든, 의도되지 않은 것이든, 애당초 믿지 말아야 할 사람을 믿은 대가는 막심하다.

우리 대부분은 끊임없이 가짜, 불량품, 껍데기, 사기꾼, 거짓말쟁이들에 당하며 산다. 빈도와 경중의 차이가 있을 뿐, 우리는 언제나 의도된 거짓말에 속기도 하고, 불가피한 거짓말에 피해를 입기도 한다. 당신이 날이면 날마다 거짓말쟁이들만 만나는 이유는 애당초 거짓말쟁이를 '좋은 사람'으로 착각하고 가까이 했기 때문이다. "그 사람은 절대로 배신할 사람이 아니야!", "절대 거짓말할 사람이 아니지!", 평소 이런 말을 자주하는 사람일수록 쉽게 배신당하고 거짓말에 속는다.

당신이 무지하기 때문이기도 하고, 평소 삶이 아쉽기 때문이기도 하다. 혹은 단순히 사람을 잘 믿는 성격 때문일 수도 있다. 하지만 무엇보다 큰 이유는 당신이 거짓말을 의심할 안목이 없기 때문이다.

자연은 인간에게 거짓말하는 능력과 함께 거짓말을 감지하는 능력을 함께 주었다. 침팬지의 사례에서 봤듯, 거짓말을 하는 동물들은 거짓말을 눈치채는 능력을 함께 갖춘다. 하지만 인간은 그렇지 않다. 거짓말은 잘하지만 다른 사람이 하는 거짓말은 모른다. 거짓말을 진실로 믿고, 진실을 거짓말로 믿는다.

잘못된 교육에 의해 자연의 본능이 거세된 탓이다. 학교 교육은 인간을 사회 조직의 온순한 구성원으로 만들기 위해 개발되었고, 그로 인해 침팬지도 갖춘 생존 본능을 말소시켜 버렸다. 서로에게 습관처럼 의존하며 사는 사회 구조도 원인이다. 내가 상대를 믿지 못하면 사는 것이 힘들어지는 환경이다 보니 자연적 의심이 들어도 억누른다.

이곳에서 가르칠 거짓말 구분법은 자연이 물려준 자연 본능을 일깨우는 것뿐이다. 당신은 여기서 새로운 기술을 배우는 것이 아니다. 수백만 년의 진화로부터 물려받은 감각을 되살리는 것뿐이다.

여기서 구분하고자 하는 거짓말은 의도된 거짓말만이 아니다. 의도치 않은, 불가항력의 거짓말을 구분하는 것이 더 중요하다. 당신이 평소 속는 거짓말은 거짓말을 한 본인들도 거짓말인지 몰랐던 것이 더 많다. 중요한 건 그 사람의 의도가 아니다. 결과물이다. 나는 거짓말을 하지 않았다고 아무리 울부짖어도, 결과가 거짓이면 피해를 보는 것은 결국 당신이다.

우리는 여기서 거짓말의 '의도'를 구분하지 않는다. 거짓말을 의도할 경우 나타나는 현상은 이미 전문가들이 충분히 분석을 해 놓았으며 인터넷에서도 쉽게 찾아볼 수 있다. 인터넷에서 찾아볼 수 있는 거짓 의도를 파악하는 방법은 다음과 같다.

1. 미세한 표정

아무리 거짓말의 달인이라도 '의도된 거짓말'을 하면 얼굴에 미세한 근육의 움직임이 나타난다. 거짓말을 해야 한다는 스트레스와 불안감 때문이다. 말을 할 때 눈썹이 위로 들어 올려지거나, 평소와 다른 근육의 움직임이 나타날 경우 거짓말에 의한 스트레스로 해석이 가능하다.

2. 코와 입

코를 만지는 것 역시 거짓말을 할 때 나타나는 주요 현상. 입과 주변 근육에 힘이 들어가는 것 역시 거짓말을 하고 있을 가능성을 말해 준다.

3. 눈동자의 움직임

눈동자는 두뇌 활동에 따라 움직임이 크게 달라진다. 오른손잡이는 뭔가를 기억하려고 할 때 눈을 우상단으로 올려 뜬다. 왼손잡이는 좌상단. 눈을 빠르게 깜박이는 것은 심리적으로 불안할 때, 혹은 거짓말을 하고 있을 때일 수도 있다. 하지만 시선을 마주치지 못하는 증상은 거짓말과 별다른 상관이 없다. 이는 대개 평소의 습관 때문일 가능성이 더 높다.

4. 목소리의 변화

목소리가 갑자기 커지거나 혹은 높아지거나, 말이 빨라지거나 혹은 느려질 경우 역시 거짓말을 의심해 볼 수 있다. 목소리에 긴장감이 느껴지거나, 떨릴 경우에도 역시 거짓말로 인한 것일 수 있다.

5. 말이 길어짐

기본적으로, 거짓말을 하면 말이 많아진다. 과장된 표현을 자주 사용하거나, 디테일을 반복적으로 설명을 하려는 특징을 보인다. 왜냐하면 상대가 의심할까 봐 불안하기 때문이다. 무조건 자세하게 말하면 덜 의심할 것으로 생각하기 때문이다. 같은 말을 반복하거나 중언부언 덧붙여 설명하는 것도 전형적인 거짓말의 증상이다. 지나친 강조나 확인도 거짓말을 하는 사람의 중요한 특징이라는 사실을 잊어선 안 된다.

6. 회피 (돌려 말하기)

예를 들어, "아내를 때린 적이 있습니까?"라는 질문에, "저는 아내를 사랑합니다, 제가 왜 그런 짓을 하겠습니까?"라는 식으로 돌려 말을 하는 경우는 대부분 거짓말을 하고 있는 것이다. 사실을 말할 때는 부연 설명을 하거나 돌려 말하지 않는다. 아무런 움직임이나 제스처 없이, 부연 설명도 없이 '그렇다/아니다' 짧게 말하고 만다.

7. 대답이 지나치게 빠름

정상적인 경우, 질문을 하면 질문을 이해하고 생각을 해서 대답을 만들기 때문에 어느 정도 지연 시간이 발생한다. 하지만 상대가 거짓말을 할 경우, 이 지연 시간이 사라지는 경우가 많다. 왜냐하면 거짓말을 하려고 하면 그 상황에 맞는 대답을 미리 생각해 두기 때문이다. 그래서 질문과 동시에 즉각 대답이 나온다. '예/아니오' 단답형 대답이 아니라 위에서 말한 대로 자세한 디테일이 추가된 설명이 나온다. 특히 상대로부터 부정적인 질문이 나올 경우 대답은 더욱 성급해진다.

8. 방어적이거나 공격적

진실을 말하는 사람은 자기 방어를 하지 않는다. 그리고 추가 설명을 요구하면 자연스럽고 풍부한 추가 설명이 제공된다. 하지만 거짓말을 하는 경우 대단히 자기 방어적이 되며, 찔리는 구석이 있을 경우 공격적이 되기도 한다. 그리고 자연스러운 추가 설명이 아닌, 하던 말만 계속 반복하는 경향을 보인다.

9. 거리감

일반적인 경우 대화가 깊어지면 상대와의 심리적 거리가 가까워지면서, 물리적 거리도 가까워진다. 하지만 거짓말을 하고 있는 경우, 심리적 거리도 물리적 거리도 가까워지지 않는다는 느낌이 든다. (물론 상대에 대한 거부감을 갖고 있을 때는 제외.)

10. 어색하고 경직된 제스처

침을 자주 삼키거나, 목을 자주 가다듬거나, 숨 쉬는 것이 자연스럽지 않거나, 불안감에 몸을 움직이거나. 모두 거짓말을 할 때 흔히 나타나는 자세다. 위에서 예를 든 "아내를 때린 적이 있습니까?"라는 질문에 단답형으로 짧게 대답을 하더라도, 거짓말인 경우에는 몸 동작이나 얼굴 근육의 움직임이 흐트러지게 된다. 혹은 이런 불안한 모습을 감추기 위해 일부러 기지개나 하품을 하는 동작을 하기도 한다.

겉모습만으로 거짓말을 단정 짓는 것은 금물. 위에서 열거한 거짓말의 신호 중 어느 하나도 확실한 거짓말의 증거가 될 수는 없다. 사람, 상황, 대화 주제에 따라 거짓말과 상관없이 발생할 수 있는 증상들이다. 그래서, 거짓말인 것 같다는 느낌이 들 경우, 다음과 같은 방법을 통해 확인해 볼 수 있다. (참고참조)

1) 추가 설명을 요구함: 거짓말을 두 번 세 번 반복해야 할 경우 대부분 긴장이나 어색함이 드러날 수 있다. 이를 드러내지 않으려 지나치게 신경 쓴 나머지 똑같은 말을 여러 번 반복하기도 한다.
2) 믿지 못하겠다는 눈빛으로 바라봄: 거짓말을 하고 있을 경우 '찔리는 듯한' 반응을 보일 수 있다.
3) 아무 말도 하지 않음: 거짓말을 했을 경우 상대방이 갑자기 침묵하면 당혹하게 될 확률이 높다.

우리는 여기서 의도되지 않은 거짓말을 배운다. 거짓말의 의도가 없는 거짓말, 불가항력적 거짓말, 어쩔 수 없는 거짓말, 유전적으로 태생적으로 거짓말이 될 수밖에 없는 거짓말을 배운다. 이 책의 제목은 『거짓말 구분법』이지만, 사실 이는 인간을 구분하는 법이기도 하다. 어떤 인간이 어떤 거짓말을 하게 되는지, 어떤 말과 행동을 하는 사람이 겉과 속이 다른 짓을 하게 되는지 구분하는 법이다.

   우리는 거짓말이 '인간의 전유물'이 아닌 '자연 현상'이라는 사실을 다시 명심한다. 우리는 거짓말의 본질을 이해하기 위해 자연의 본성을 이해해야 한다. 자연이 부여한 거짓말의 인간 본성, 이는 문학과 미술에 가장 노골적으로 드러난다. 문학과 미술만큼 인간의 거짓말이 선명하게 정의되는 분야도 없다. 당신이 문학과 미술에 나타나는 거짓말을 이해한다면 당신은 자연 현상으로써 거짓말을 이해한 것이다. 인간의 본성에 의해 발생하는 필연적인 거짓말을 꿰뚫어 볼 수 있다.

거짓의

패턴

거짓의
패턴 1

미술

Venus and Mars, Sandro Botticelli

인류의 역사에서 미술은 '장식의 기능'을 가진 창작 행위였다. 현대적modern 미술이 태동하기 전 ,미술은 철저하게 '남에게 보여 주기 위한 예술'이었다. 건축물, 인테리어, 벽 장식, 가구 장식, 각종 생활 필수품과 장식품에는 필수적으로 미술 기술자가 필요했으며, 과학·농업·정치·역사·출판 등 인간의 거의 모든 문화 활동에 미술은 사진을 대신해 '기록의 기능'도 담당해야 했다.

위 보티첼리의 그림처럼, 당시 미술은 1) '어떤 사실의 기록'이자 2) '공간을 채우는 장식'이었다. 이 그림은 마르스가 자신의 형수인 비너스와 불륜의 폭풍 섹스한 뒤, 곯아떨어진 모습을 묘사하고 있다. 이 그림은 당초 침실 가구 장식을 위해 주문 제작된 것으로, 공간의 목적에 맞게 일부러 에로틱한 소재를

택했다.

    그림은 주어진 공간을 '충분히 채우기 위해' 갖가지 요소들을 빈틈없이 채워 넣었다. 주어진 공간에서 볼 때는 그럴듯해 보일지 몰라도, 이렇게 그림만 따로 떼어서 보면 답답하고 산만하다. 누군가 그림의 배경에 대해 설명을 해 주지 않으면 뭘 그리려고 한 것인지 눈에 잘 들어오지 않는다.

    보티첼리의 그림이 '거짓말'이라고 말할 사람은 없을 것이다. 어쨌거나 보티첼리는 주어진 상황에서 최선의 결과물을 생산한 화가였다. 하지만 그는 주문 없는 그림을 그리지 않았던 화가였다. 그가 그린 그림은 모두 돈을 받고 특정 목적을 위해 만들어진 작품이었다. 보티첼리는 말년에 미켈란젤로 같은 어린 경쟁자들이 득세한 뒤로 제작 주문이 끊기자 죽을 때까지 한 점의 그림도 그리지 않았다.

스페인 발렌시아의 카바요스 동굴 벽화다. 이것이 유명해진 이유는, 발견됐을 당시 어느 무명의 천재 화가가 몰래 남긴 그림이 아니냐는 논란이 일었을 정도로, 충격적으로 '현대적인' 작품이었기 때문이다. 더욱이 이 작품은 보티첼리의 그림보다 (뭘 그리려고 했는지) 의도가 분명하다. 벽화를 그린 사람은 오래전에 죽었고, 이것에 대해 증언을 해 줄 사람도 역시 죽었다. 하지만 이 작품을 보는 사람들은 옆에서 아무도 설명해 주지 않아도 알 수 있다. 이것이 사냥의 성공을 기리기 위해, 그리고 사냥의 성공을 기원하기 위해 그려졌다는 사실을.

내가 정말로 그렇게 느껴서 그리면 누가 봐도 그린 사람의 심정을 이해하게 된다. 거짓말을 하지 않는 그림은 모두 같은 심리에서 출발을 한다. 이것이 1만 년 전에 그려졌든, 오늘 그려졌든, 원시인이 그렸든, 아이가 그렸든, 바보가 그렸든, '이걸 그리고 싶다'는 순수한 마음은 반드시 사람들에게 같은 인상을 남긴다.

보티첼리는 평생 거짓말을 하지 않고 살았을지도 모르겠다. 하지만 그의 작품은 단 한 점도 작가 본인의 마음을 담지 못했다. 그림이 작가의 진심을 말하지 않는다는 건 보티첼리의 모든 작품에서 분명히 드러나고 있다. 주문 제작이 거짓말은 아닐지라도, 그는, 이걸 그리고 싶다는 마음 대신, 오직 주문 제작이라는 목적만으로 그림을 그렸다.

거짓의 본질은 '남에게 보여 준다'는 데 있다. 세상천지 나 혼자 있으면 거짓말을 할 이유가 없다. 누군가를 속이기 위해, 나 자신을 타인으로부터 감추기 위해 하는 것이 거짓말이다. 따라서 타인이 없다면 거짓말도 없다. (앞서 말한 '거짓말은 공감 능력의 한 갈래'라는 이론과 같은 얘기다.)

그래서, '다른 사람은 없다'고 생각하면 거짓말은 없다. 다른 사람을 신경 쓰느냐 쓰지 않느냐는 거짓의 진실을 판단하는 가장 중요한 기준이다. 물론 '다른 사람이 없다'고 생각하는 건 대단히 어려운 일이다. 평생 사람들과 어울려 살았고, 지금도 어울리고 있기 때문이다. 뇌 안에 뿌리내린 '다른 사람'에 대한 각인은 절대 쉽게 없어지지 않는다.

그래서 거짓말을 하지 않는 작품은 귀하다. 거짓말을 하지 않기가 너무나 어렵기 때문이다. 인간은 끊임없이 다른 사람을 신경 쓰며 살기 때문이다. 나는 거짓말을 하지 않겠다, 나는 나의 진심만을 담겠다, 아무리 사무치게 다짐을 해도 결과물은 그렇게 나타나지 않는다. 왜냐하면 창작자가 다른 사람의 눈치를 보기 때문이다. 아무리 진심을 담아 진실된 그림을 그리고 싶어도 다른 사람의 눈치를 보는 순간 그림은 거짓이 돼 버린다. 타인의 눈치를 보며 그린, 거짓된 그림에 드러나는 가장 두드러진 특징에는 두 가지가 있다. 하나는 개인의 심정이 드러나지 않는 것(정형화), 다른 하나는 예쁘게 보이려는 것(가식)이다.

정형

좌: *Madonna of the Magnificat (detail), Sandro Botticelli*
우: *Birth of Venus (detail), Sandro Botticelli*

보티첼리 그림 속 인물들을 보면 모두가 비슷하다는 느낌을 지울 수 없다. 보티첼리는 평생 수천 명이 넘는 서로 다른 사람들의 얼굴을 직접 보며 그렸지만 모두 다 같은 얼굴로 보인다. 위 그림 속 소년들의 얼굴은 「비너스의 탄생Birth of Venus」에 나오는 비너스의 얼굴과 흡사하다.

그 옆 비너스의 얼굴은 「비너스와 마르스Venus and Mars」의 그림에 나오는 비너스와 또 다르다. 보티첼리의 그림이 '목적에 의한 그림'임을 말해 주는 건 그의 그림이 정형화돼 있기 때문이다. 그는 항상 주문 제작이라는 '틀'에 맞춰서 그림을 그렸다. 그래서 보티첼리가 그린 인물화에는 어떤 캐릭터도 존재하지 않는다. 매번 그릴 때마다 인물이 달라진다. 대상을 이해하고 그리는 것이 아니라, 목적과 규격에 맞춰 그림을 그리기 때문이다.

다음 그림을 보자.

Japonka, Olga Boznanska

왼쪽 초상화 역시 주문 제작이다. 하지만 규격화되지는 않았다. 18-19세기 보급된 유화 기법을 따르고 있으나, 지금 봐도 보편적이고 자연스럽다. 결과물은 실물과 상당히 닮았을 뿐 아니라, 실물이 가진 표정과 전체적 인상도 분명하게 살아 있다. 그림이 정형화돼 있지 않다는 것은 자연 그대로 그릴 수 있다는 것을 의미한다.

사람은 규격에서 벗어나야 편한 법이다. 그림을 그릴 때는 더 그렇다. 기법은 그저 더 쉽게 그리기 위한 방법에 불과하다. 그리는 사람이 편하게 그리면 보는 사람도 편하다. 그리는 대상도 진실에 더 가까워진다. 규격이 아닌 대상에 집중하기 때문이다.

Sonja Knips, Gustav Klimt

비슷한 시기 비슷한 기법의 그림이다. 하지만 이 그림은 대상의 캐릭터가 두드러진다. 위 그림이 그저 닮게 그리는 데 집중했다면, 이 그림은 대상의 '본성'에 집중해서 그렸다. 그림을 이렇게 그리면 그림만 보고도 실물을 알아볼 수 있다.

"아, 이 사람이 그때 그 그림 속 사람이구나" 하고. 화가의 기량이 더해질수록 대상에 대한 묘사는 '진실'에 가까워진다. 단순히 사진처럼 닮게 그리는 것이 아니라, 대상의 기분, 몸 상태, 마음까지 읽는다. 위 그림 속 여인이 살아 숨 쉬는 것처럼 느껴지는 것은 그 때문이다.

화가의 기량이 높아진다는 것은 대상에게 느끼는 감정이 깊어진다는 것을 의미한다. 클림트는 저 여인으로부터 초상화 주문을 받았지만, '남의 일'이라고 생각하지 않았다. 클림트는 여인을 바라보고 또 바라보았다. 동공에 비친 풍경과 양 볼에 흐르는 실핏줄과 입술 주변 잔주름을 보고 또 보면서 이해하기 위해 애썼다. 그렇게 클림트는 눈앞의 여인이 자신의 자화상처럼 여겨질 때쯤 붓을 들어 그림을 그렸다.

Self Portrait, Charley Toorop

왼쪽 그림에서 당신이 강렬한 인상을 받는 것은, 당연하게도, 화가가 대상(자신의 얼굴)에서 강렬한 인상을 받았기 때문이다. 화가는 대상을 표현하기 위해 전통적인 기법을 따르지 않았다. 그렇게 하면 본래 캐릭터를 담는 것이 어려울 것 같다. 화가는 그래서 있는 그대로 그리기를 거부했다.

있는 그대로의 모습은 사진이 대신할 수 있다고 생각했다. 그래서 그는 그림을 그렸다. 사진보다 나를 더 '노골적으로' 남기고 싶었다. 화가는 내 얼굴에서 느낀 감정에 집중했다. 그 결과, 얼굴은 좌우가 비대칭이고 입술은 비뚤어졌다. 하지만 그림은 대상의 본질에 더 가까워졌다.

사진으로 봤다면 아무도 관심 없을 얼굴이었으나 그림으로 남기자 잊히지 않을 얼굴이 되었다. 이 네덜란드 화가에게 사진은 거짓말쟁이였다. 그에게 진실은 자신의 그림이었다.

Self-portrait, Vincent van Gogh

고흐는 사람을 그리고 싶었다. 하지만 그의 앞에서 모델을 서 줄 사람이 없었다. 그는 평생 외톨이였기 때문이었다. 그림을 팔아 모델을 살 수도 없는 지경에 이르자 고흐는 자기 자신을 그렸다. 그는 사람이 보고 싶을 때면 거울 속의 자신을 보며 그림을 그렸다.

그래서 고흐의 자화상에는 사진으로 좀처럼 담을 수 없는 감정이 담겼다. 외로움. 그리움. 연민과 슬픔.

고흐는 자신의 자화상에 변명하지 않았다. 언제 왜 어떻게 그렸는지 일언반구 설명하지 않았다. 하지만 그의 사후 100년이 지난 지금도 사람들은 그의 자화상을 보며 그의 감정을 읽는다. 그가 이 그림을 그릴 당시 어떤 심정이었는지 느낀다. 그가 어떤 사람이었는지 몰라도, 심지어 그의 그림이 아무리 싫어도.

그림에서 '사적 감정'이란 주관을 의미한다. 그냥 주관이 아니라, 절박함에 이른 주관이다. 주관은 누구에게나 있다. 누구나 남다른 생각을 할 수 있다. 하지만 이것이 확고한 믿음이 되어 '다른 사람은 아예 신경 쓰이지 않는' 수준에 이르는 사람은 드물다.

뭔가에 미치면 가능하다. 감정이 몹시도 절박해지면 가능하다. 사랑에 빠질 때나, 가족이 죽을 때, 아니면 내 목숨이 위태로운 일을 겪을 때면 보통 사람들도 '다른 사람이 안중에 없는'의 감정 상태에 도달할 수 있다.

고흐는 들판의 풍경을 보며, 정물을 보며, 자신의 얼굴을 보며 이런 감정 상태에 도달했다. 사람들은 고흐가 미쳤다고 했지만, 고흐는 미치지 않은 상태에서도 그런 그림을 그렸다. 왜냐하면 그는, 그림을 그릴 때면, 세상 거의 모든 것들로부터 절박함을 느꼈기 때문이다.

'사적 감정'은 주관이라고 했다. 그저 남다른 생각이 아닌, 자신의 뼛속에 사무치고 각인돼 자기 생활의 일부가, 자신의 몸의 일부가 돼 버린 그런 주관이다. 그래서 그런 주관은 그 사람의 캐릭터가 되고 '성깔attitude'이 된다.

고흐의 자화상과 보티첼리의 그림을 비교해 보자. 보티첼리는 고흐에 비해 비교할 수도 없을 정도로 많은 시간과 노력을 들여 그림을 그렸다. 하지만 그의 그림에서는 작가의 감정이나 캐릭터가 느껴지지 않는다. 진심은 노력의 결과물이 아니다. 노력이 덜하다고 거짓말인 것은 아니다.

고흐는 그림을 그리는 데 '노력'을 하지 않았다. 그는 그림에 사명감이나 책임감 따위는 갖지 않았다. 그는 정말로 그림을 그리고 싶어서 그랬다. 그림을 주문해 주는 사람이 없어도, 아무도 좋아해 주지 않아도, 옆에서 누구 하나 지켜봐 주지 않아도, 매일 밥을 먹고 화장실에 가듯 화구통과 캔버스를 들고 그림을 그리러 나갔다.

고흐의 그림에서 느껴지는 '사적 감정'은 그런 것이다. 어느 한 사람이 나고 자라 수십 년 넘도록 밥 먹고 숨 쉬고 기뻐하고 슬퍼하고 고통받으며 살아온 목숨이 흘러나온 느낌.

고흐의 그림에 대해 당신은 특이하다 할 수 있을 것이고, 이상하다 할 수도 있을 것이며, 그림이 정말로 마음에 들지 않을 수도 있을 것이다. 하지만, 어떤 경우든, 그의 그림에는 고흐의 '사적 감정'이 느껴진다. 왜냐하면 고흐는 그림을 그릴 때 다른 사람에게 잘 보이려 하지 않았기 때문이다. 거짓말을 하지 않았기 때문이다.

가식

Jeanne Samary, Pierre-Auguste Renoir

왼쪽 그림에 대한 일반적인 반응은 "예쁘다"일 것이다. 왜냐하면 화가 르누아르가 의도적으로 예쁘게 그렸기 때문이다. 르누아르는 예쁜 그림을 그리는 데 평생을 바친 화가였다. 그림을 예쁘게 그리면 보는 사람도 기분이 좋다. '정서 순화'의 기능을 제공한다. 하지만 예쁘게 그리기 위해 예쁘게 그린 그림에는 문제가 있다.

Seated Bather(1883-1884)

Dance at Bougival(1883)

A Box at the Theater (At the Concert)(1880)

Two Sisters (On the Terrace)(1881)

이 그림은 모두 르누아르가 그린 그림이다. 모두 같은 사람을 그린 것이라 생각하겠지만 모두 다른 사람이다. 다른 사람을 다른 시기, 다른 장소에서 그린 것이다. 르누아르는 주문 제작 초상화를 그린 화가였고 결과물은 언제나 비슷했다. 서로 다른 사람을 그려도 이렇게 비슷하게 그릴 수밖에 없었다. 왜냐하면 대상에 대한 이해보다는 예쁘게 보이는 것이 우선이었기 때문이다. 내가 그리는 사람이 어떤 사람인지 관찰하기보다는 어떻게 예쁘게 그릴까 고민을 하다 보니 이렇게 매번 똑같은 얼굴을 그렸다.

Woman with Flowers, Henri Martin

꽃을 든 여인 그림 역시 대상에 대한 관찰이나 이해보다 예쁘게 보이는 데 집중해서 그린 그림이다. 남에게 보여 주려고 그린 그림은 대개 이런 결과를 낳는다. 이 그림을 보면 원래 인물이 어떻게 생긴 사람인지 감을 잡을 수 없다. 분명히 인물화를 그린 것인데, 인물은 없고 풍경만 있다.

모네의 인상주의와 흡사하지만 모네의 그림과는 다르다. 모네는 인물은 과감하게 생략하고 풍경에 집중해 자연에 대한 인상만 남겼다. 하지만 이 그림은 인물에도 풍경에도 집중하지 못한 채 애매한 인상만 남겼다. 모네처럼, 다른 사람 눈치가 아니라 자신이 받은 인상에 집중했다면 그림은 사람들 기억에 더 오래 남았을 것이고 이 화가는 더 유명해졌을 것이다.

이 화가가 모네와 같은 시기 같은 기법으로 비슷한 그림들을 그렸음에도 주목받지 못한 까닭은 소심했기 때문이다. 남에게 보여 주려고 그림을 그렸기 때문에 주저하고 움츠러들었다. 사람 얼굴을 그려야 하는데, 못생겨 보일까, 인상이 과

거짓의 패턴 45

해 보일까, 누가 뭐라 할까 두려워 화가는 쉽고 안일한 선택을 했다. 타인의 눈치를 보면 두려움을 동반할 수밖에 없다. 그게 아니라 애초에 두려움이 있었기에 타인을 눈치를 보는 것일 수도 있다. 어쨌든 그래서 그림은 예쁜데 캐릭터는 죽는다. 그림은 아무 말도 없이 그저 예쁜 장식으로 남았다 잊힌다.

예쁜 것이 문제가 아니라, 예쁘게 보이려는 의도가 문제다. 다른 사람에게 보여 주기 위해 그림을 그리는 것이 문제다. 다른 사람에 신경을 쓰니 대상에 집중하지 못하는 것이다. 포장에 신경 쓰는 사람이 내용에는 관심이 덜한 것처럼.

사람들이 거짓말에 끌리는 이유는 거짓말이 더 달콤해 보이기 때문이다. 그래서 장사치들은 포장에 신경을 쓴다. 내용이 부실하기 때문에 사람들의 눈치를 볼 수밖에 없다. 무능이나 불성실이 발각될까 봐 전전긍긍하다 보면, 능동적인 거짓말을 하게 되는데 이것이 '사탕발림'이다.

내용이 충실할수록 포장에 대한 집착은 줄어든다. 포장에 신경 쓸 시간에 내용에 한 번 더 신경을 쓴다. 사람이란 그렇다. '내용이 좋으니 포장도 잘 만들어야지' 이렇게 생각은 하지만 결국 이런 사람들은 포장 만들 시간에 내용을 신경 쓰게 된다. 그 반대 역시 마찬가지다. 포장에 충실할수록 내용에는 손이 덜 간다. 여러 사람이 분업하면 둘 다 잘할 수도 있겠지만 혼자서는 어려운 일이다.

Fernand Khnopff Portrait, Gabrielle Braun

화가에게 예쁘게 그리고 싶은 의도가 있었다면 위 그림 속 아이의 표정을 저렇게 비뚤게 그리지 않았을 것이다. 화가는 아이가 저런 표정을 짓길래 그 표정이 왠지 마음에 들어 저렇게 그렸다. 화가가 자신의 주관에 몸을 기울일수록 그림은 진실에 가까워진다. 그림이 진실에 가까워진다는 것은 두려움이 없다는 것을 의미하며, 다른 사람 눈치를 보지 않는 것을 의미한다. 그래서 화가는 자유로워지고 그림은 거짓말에서 해방된다.

화가는 기량이 발전할수록 무심해진다. 다른 사람의 눈치를 보지 않기 때문이다. 자신의 그림에 자신이 있으니 자신이 뜻하는 대로, 자신이 느끼는 대로 그림을 그릴 수 있다. 그래서 최소한 그림을 그리는 동안은 다른 사람의 평가에 아무런 관심도 기울이지 않는다.

The Clownesse Cha U Kao, Henri De Toulouse-Lautrec

거짓의 패턴 47

이 그림이 그 결과물이다. 이 그림은 습작처럼 보이지만 완성작이다. 일부러 이렇게 그렸다. 자신의 그림에 만족해서 여기서 멈추었다. 대상을 충분히 표현했다고 생각한 화가는 그림에 더 이상 신경 쓰지 않았다. 그 덕에 그림 속 인물이 더욱 두드러져 보인다. 이 그림이 좋든 싫든, 사람들은 그림 속 인물의 표정과 얼굴과 캐릭터를 기억하게 된다.

Tête de Femme, Fleurs dans les Cheveaux, Henri Matisse

전통적인 초상화는 화가가 자신과 동일한 눈높이에 대상을 두고 그렸다. 하지만 마티스는 그러기 싫었다. 그는 대상을 더 가까이 두고 싶었다. 대상을 더 깊이 바라보고 싶었다. 그래서 이런 도발적인 구도가 나왔다. 화가는 내려다보고, 대상은 올려다보는.

그림 속의 여인은 화가와 관객을 뚫어져라 쳐다본다. 여인과 마티스는 죽고 없지만, 원래 이 여인이 어떤 눈을 가지고 있었을지 관객들은 그림만으로도 알 수가 있다. 마티스에게 그림은 대상을 닮게 그리기 위한 것이 아니었다. 그도 역시 '예쁜'

그림을 그리는 화가였지만, 그에게 그림의 의미는 달랐다. 그는 남에게 보여 주기 위해 예쁘게 그리는 대신, 원래 모습을 그렸다. 원래 이 사람은 이랬고, 나도 이랬어. 마티스는 모든 대상을 어린아이의 눈으로 보았다. 그는 천진난만하게 편견 없이 보는 걸 즐겼다. 그래야 원래의 모습을 그릴 수 있다고 믿었다.

저 그림 속 여인은 마티스가 바라본 여인의 '원래 버전'이다. 실제로 저 초상화가 실물을 닮았는지 여부는 알 수 없다. 하지만 그건 중요한 것이 아니다. 저 그림이 실물보다 더 진짜처럼 그려졌기 때문이다. 여인은 어느 순간인가 마티스를 저런 눈으로 바라봤을 것이다. 그리고 마티스는 거기에서 여인의 원래의 모습을 보았을 것이다. 그것이 여인의 수십 년 전 어릴 때 모습이든, 아니면 키워 준 어머니의 모습이든, 마티스는 그런 건 몰랐다. 하지만 그 눈이 진실이라고 믿었다. 그래서 저렇게 그렸다. 그의 그림은 거짓말을 하지 않았다. 그리고 역사에 남았다. 지금도 앞으로도 영원히 진실을 말하는 그림으로.

지금까지 이야기가 "형이상학적이다", "관념적이다", "와닿지 않는다"면 배우의 연기를 생각해 본다. 연기를 잘하는 배우와, 연기를 잘 못하는 배우를 떠올려 본다. "연기를 잘한다/못한다" 기준이 지금껏 설명한 '진실된 그림'의 기준과 동일하다는 사실을 깨닫는다.

연기를 못하는 배우들은 2가지 특징을 공유한다: 정형화된 연기, 가식적인 연기. 자신이 맡은 배역/캐릭터에 몰입하지 못하는 것이다. 늘 하던 대로 연기를 하거나, 관객들에게 잘 보이기 위해, 그럴듯하게 보이기 위해 연기하는 것이다. 그 결과 겉도는 연기, 거짓된 연기, 발연기를 하게 된다.

연기를 잘하는 배우들의 연기는 정형화되지도, 가식적이지도 않다. 왜냐하면 자신이 맡은 배역/캐릭터에 사적으로 몰입하기 때문이다. 진심으로 자신이 그 캐릭터라고 여기기 때문이다. 연기를 하는 동안, 나는 내가 아니라, 그 캐릭터라고 진심으로 믿기 때문이다. 자신이 맡은 배역에 '빙의'되는 것이다. 진실로, 내가 아닌 그 가상의 인물이 되는 것이다. 그 결과 모두가 감동받는 신들린 연기를 하게 된다.

그림도, 연기도, 다른 모든 예술 행위도 다 마찬가지다. 진심과 거짓. 모두 이 공통된 기준에 의해 결과물의 가치가 달라진다. 배우의 연기는 쉽게 구분된다. 발연기와 신들린 연기, 누구나 쉽게 구분할 수 있다. 이것이 진심과 거짓의 차이라는 건 설명하지 않아도 누구나 알 수 있다. 미술은 단지 그렇게 배우지 못한 것뿐이다. 어디서도 원리를 가르쳐 주지 않은 것뿐이다. 원리는 진심과 거짓이 하나라는 사실을 깨닫고 나면 당신은 미술 작품 역시, 배우의 연기를 보는 것처럼, 보다 흥미롭게 관람할 수 있다.

거짓된 그림 vs. 진실된 그림 ①

 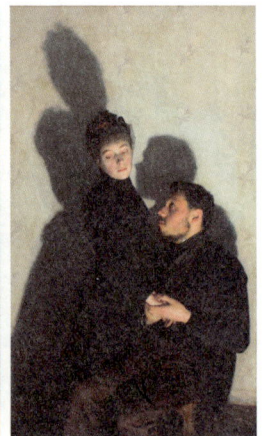

좌: *Britomart and Amoret, Mary F Raphael*
우: *Ombres portées, Émile Friant*

왼쪽 그림은 보티첼리와 같은 의도로 그려진 그림이다. 이야기를 전달하기 위해 그려진. 마찬가지로 개인적 심정은 담겨 있지 않다. 오른쪽 그림과 비교하면 더욱 분명하다. 두 그림은 같은 소재를 그렸지만, 왼쪽은 '설정'이 느껴지고, 오른쪽은 '진심'이 느껴진다.

그림에 개인 심정을 담는다는 건 그림 그리는 사람이 자신의 감정을 이입한다는 뜻이다. 그저 돈 받고 그림을 그려 주는 '비즈니스' 관계가 아니라, 대상에 개인적인 애착 관계가 형성되는 것을 의미한다. 오른쪽 그림을 그린 화가는 분명 저 두 사람에게 감정을 이입했다. 그래서 남자는 저리 애절해 보이고, 여자는 혼란스러워 보인다. 오른쪽 그림에서 작가의 사적 감정은 드러나지 않는다. 하지만 그림 속 인물만으로도 사적 감정은 차고 넘친다. 누군가 설명해 주지 않아도 기억에 남을 정도로 많은 감정이 흘러 넘친다. 반면, 왼쪽 그림 속에선 어느 누구의 감정도 없다. 당연하게도, 화가는 어느 누구에게도 감정을 이입하지 않았기 때문이다. '비즈니스 때문에' 그림을 그렸기 때문이다.

그림에 '사적 감정'이 묻어나는지 확인하는 눈은 중요하다. 화가가 정말로 그렇게 느껴서 그린 그림인지, 진심으로 그리고 싶어서 그린 그림인지 확인해야 하기 때문이다. 배우의 연기를 대입해 보면 이해하기 쉽다. 그냥 그림 속 인물들의 표정만 봐도 왼쪽 그림은 (정형화된/가식적인) 발연기이고, 오른쪽 그림은 훌륭한 연기라는 사실을 구분할 수 있다. 왼쪽 그림은 정해진 대본대로 따라 한 것이고, 오른쪽 그림은 자기가 정말 진심으로 그렇게 느껴서, 스스로 감정이 우러난 것으로 보인다.

우리는 여기서 어느 쪽 그림이 더 낫다, 더 가치 있다고 얘기하는 것이 아니다. 왼쪽 그림은 단지 정형화돼 있다는 것뿐이지, 그림이 나쁘다는 것은 결코 아니다. 이런 그림이 더 마음에 드는 사람도 많을 것이다. 왼쪽 그림에 더 감정 이입이 되고 애착이 가는 사람도 많을 것이다. 각자의 취향일 뿐이다. 당신이 왼쪽 그림을 보며 행복감을 느낀다면 그것만으로 당신은 이미 훌륭한 미술 애호가이다.

거짓말의 본질을 알려면 창작자의 심정을 이해해야 한다는 것이다. 당신은 오른쪽 그림 같은 유형을 억지로 좋아할 필요 없다. 머리로 이해하면 된다. 그림이 거짓을 그렸다고 당신이 그 그림을 싫어할 이유는 없으며, 그림의 가치가 떨어질 이유도 없다. 다시 강조하지만 그림에 대한 호불호는 어디까지나 개인적 취사 선택의 문제다.

거짓된 그림 vs. 진실된 그림 ②

좌: *Girl Bathing, Pierre-Auguste Renoir*
우: *La niña predestinada, Odilon Redon*

왼쪽 그림은 억지로 예쁘게 그리려다 어색한 그림이 되었고, 오른쪽 그림은 남 신경 쓰지 않고 물 흐르듯 그린 결과 정말 예쁜 그림이 되었다. 오른쪽 그림은 원근이나 그림자 표현을 하지 않았다. 종이를 붙여 놓은 듯 '평면적'이지만 사람들은 무엇을 그린 것인지, 화가가 어떤 심정으로 그렸는지 (어렴풋하게나마) 느낄 수 있다. 오히려 이렇게 '막 그린' 덕에 이 그림에선 왼쪽 그림에서 느끼지 못하는 '기운'이 느껴진다.

  오른쪽 그림 속 여인은 손이 가려져 있다. 그림을 그리고 있는 것일 수도 있고, 꽃이나 과일을 따고 있는 것일 수 있다. 하지만 이 그림을 보는 사람들은 여자가 뭘 하고 있는 것인지 별로 알고 싶지 않는다. 왼쪽 풍경이 상당 부분 잘려 나갔지만 그런 건 신경이 쓰이지 않는다. 왜냐하면 이것으로 충분하기 때문이다. 이것으로 이미 충분히 많은 것이 느껴지기에 사람들은 어색함을 느끼지 않는다.

왼쪽 그림이 '그려야 할 모든 걸' 다 그렸음에도 어색하게 느껴지는 것과는 반대다. 남에게 보여 주려고 그린 그림과 스스로 만족해서 그린 그림은 이처럼 차이가 난다. 남에게 보여 주기 위해 그리면 아무리 미주알고주알 사적 감정을 묘사해도 좀처럼 와닿지 않는다. 화가가 대상과 그림에 진심으로 뭔가를 느끼면 그림이 무얼 그린 것인지 몰라도, 그림 절반이 잘려 있어도 보는 사람은 화가의 사적 감정을 느낀다.

역시 배우의 연기를 대입하면 이해가 쉽다. 왼쪽 그림은 그냥 봐도 억지로 예쁜 표정을 짓는 발연기처럼 보인다. 화가가 그렇게 그린 탓이다. 여자가 어떤 인간인지에는 관심이 없고 단지 예쁘게 보이기 위해 그린 결과다. 오른쪽 그림에는 그런 가식이 느껴지지 않는다. 인물의 표정과 디테일을 생략해 버린 결과다. 굳이 잘 보이기 위해, 관객들 비위 맞추기 위해 그리고 싶지 않은 부분까지 억지로 그리지 않은 것이다. 과감하게 단순화해 버리고 자기가 그리고 싶은 부분, 그리고 싶은 감정만 그린 것이다. 배우가 신들린 연기를 한다는 것은 연기에 능숙하기 때문이기도 하지만, 자기가 정말 그 연기를 하고 싶다는 뜻이기도 하다. 아무리 아카데미상 수상에 빛나는 세계 최고 배우라도 하기 싫은 연기를 하면 발연기를 하게 된다. 진심이 아닌 거짓이기 때문이다. 그림도 마찬가지다.

거짓된 그림 vs. 진실된 그림 ③

좌: *Checked shirt (Portrait of Madame Claude Terrasse)*, Pierre Bonnard
우: *The Star*, Edgar Degas

이 2개의 그림은 비교가 쉽지 않다. 왜냐하면 왼쪽 그림은 앞서 본 마티스와 르동의 그림과 비슷하기 때문이다. 역시 그리기 싫은 부분은 과감하게 생략해 버리고 단순화한, 그리고 싶은 부분만 그린 그림이다. 그렇게 아무 생각 없이 무심하게 그렸더니 자연스럽고 독창적인 그림이 됐다. 왼쪽 그림은 분명 거짓된 그림은 아니다. 하지만 이 그림에는 화가의 심정이 담기지 않았다. 눈치 보지 않고 그렸지만 '사적 감정'이 담기지 않은, 그냥 예쁜 그림이다. 고양이를 안고 식사를 하는 이 여자에게는 별다른 캐릭터가 느껴지지 않는다. 문방 용품의 장식용 일러스트처럼 다정다감하다.

　오른쪽 드가의 그림과 비교해 보면 차이가 느껴진다. 드가는 예쁜 그림을 그리기 위해 인생을 바친 사람이다. 이것도 드가의 예쁜 그림 중 하나다. 하지만 이 그림에는 화가의 사적 감정이 담겼다. 이 그림 속 여자아이는 무언가에 도취돼 있다. 음악일 수도 있고, 자기 자신일수도 있다. 화가는 이 대상에 감정을 이입했고, 그림 속 여자아이는 캐릭터를 얻었다. 그림에서 '사적 감정'은 화가의 목숨이 흘러나온 것이라고 했다. 그래서 사적 감정이 담긴 그림에는 생명이 느껴진다고 했다. 작가의 감정이 더 강하게 이입될수록 그림은 그만큼 생명력을 더 강하게 띤다.

그림에서 작가의 감정을 느끼는 건 주관적 기분 때문도 아니고, 신기神氣에 의한 예지력 때문도 아니다. 그냥 작가가 그렇게 그렸기 때문이다. 작가가 대상에 대해 절박한 감정을 느끼면 그림을 대하는 자세가 달라진다. 대상에 집중해 주변을 돌아보지 못하며 붓질에 활기가 서린다. 왼쪽 그림은 오른쪽 그림과 비교해 생명력이 죽어 있다. 밝고 따뜻하다―그뿐이다. 절박하지 않았기 때문이다. '절박'의 의미가 반드시 슬픔이나 고통이 아니라는 사실은 오른쪽 그림에서 잘 알 수 있다. 오른쪽 그림은 왼쪽 그림 못지 않게 밝고 따뜻하고 행복하다. 하지만 여기에는 작가의 절박에 달한 심정이 있다. 작가는 애당초 그림 속 여자아이를 보고 설명할 수 없는 감정에 도취되었다. 그림을 그리며 대상에 미친 듯 집중하다가 결국에는 자기 자신의 행복을 그렸다.

그림에 '사적 감정'이 담기면 불편한 사람들이 있다. (불편하지 않은 사람보다 훨씬 많다.) 화가의 절박한 심정이 노골적으로 표현됐기 때문이다. 사람이 솔직하면 매력을 느끼지만 미술과 문학에선 때때로 이 솔직함이 극단이 되기도 한다. 그래서 이 불편한 감정이 때로는 그림이 거짓말을 하지 않았다는 증거가 되기도 한다.

여기서 말한 '절박'은 진심의 또 다른 표현이다. 진심이기에, 사적이기에, 에너지가 더한 것이다. 그림에 에너지와 활기가 느껴지는 것이다. 배우의 연기에도 같은 이치가 적용된다. 항상 무난하게 연기를 하는 배우가 있고, 배역마다 광적인 에너지가 넘치는 배우가 있다. 절박하기에, 진심이기에, 사적인 감정이기에 그렇게 되는 것이다. 평범한 연기가 아닌, 사람들의 마음을 쥐고 흔드는 연기를 하는 것이다. 왼쪽 그림과 오른쪽 그림이 그런 예다. 왼쪽 그림은 무난한/양호한/좋은 연기를 하는 배우이고, 오른쪽 그림은 절박한/강렬한/광적인 연기를 하는 배우인 셈이다.

거짓된 그림 vs. 진실된 그림 ④

좌: *Great Lovers (Mr and Miss Hembus), Ernst Ludwig Kirchner*
우: *Piti Teina, Paul Gauguin*

왼쪽 그림은 과도한 '콤포지션composition'의 예시다. 부부의 사랑을 표현하고자 했으나 사람들 눈에 들어오는 것은 스타일과 디자인뿐이다. 꾸미기에 집중을 하면 이렇게 된다. 화가는 그림을 그리기 전 두 부부로부터 어떤 감정을 느꼈는지 몰라도, 콤포지션에 치중하느라 결과물에 어떤 사적 감정도 남지 않았다.

　거짓말을 하지 않으려면 신경을 쓰지 말아야 한다. 오른쪽 그림이 그렇다. 두 어린이가 자매인지 친구인지 사람들은 알 수가 없고 알 필요도 없다. 사람들은 이 그림에서 캐릭터를 느낀다. 과시하지도, 꾸미지도 않고, 화가가 그냥 본 대로 느낀 대로 무심하게 그린 결과 강렬한 캐릭터가 남았다.

진심이란 계획하거나 계산하지 않는다. 진심은 그냥 있는 그대로 있기에 진심이다. 이걸 어떤 이유에서든 꾸미고 계산하면 이는 거짓말이 된다. 거짓말은 그래서 '인위'로 정의된다. 오른쪽 고갱의 그림은 진심에 관한 진실을 사람들에게 보여 준다. "나는 거짓말을 하지 않았으니 변명하거나 후회하지 않겠다." 이런 성깔이 캐릭터를 만들고 그림을 사람들에게 각인시킨다.

그림은 원래 장식의 목적을 갖고 있었다고 했다. 현대 미술의 시대가 열렸다고 이 목적이 사라진 것은 아니다. 작가들은 어떤 철학과 이념을 가장해 '주관 있는' 그림을 그렸다 주장한다. 하지만 보는 사람이 그렇게 느끼지 못하면 그 그림은 거짓말일 뿐, 사실은 '예쁘게 보이기 위한' 장식품일 뿐이다. 사실을 말하자면, 철학과 이념을 강조한 작품 역시 '장식적 가치'가 없으면 팔리지 않는다. 대부분의 작가들은 이런 사실을 잘 알고 있다. 그래서 (팔리기 위한) 장식적 목적의 작품을 만들어 놓고 여기에 철학과 이념을 덧붙여 포장한다. 왼쪽 그림이 그런 결과물이다. 많은 현대 미술들이 이런 식으로 창작된다. 뭔가 있어 보이지만 사실은 아무것도 없는, 거짓말을 하는 작품으로 비즈니스를 하는 것이다.

화가의 진심은 독창성으로 구현되지 않는다. 그저 특이하고 남다르다고 그림이 진실하다 생각하는 것은 착각이다. 그림은 사람과 같다. 주관 있는 사람은 신뢰가 간다. 판단력이 있어 보이기 때문이다. 하지만 아는 것도 없이 그저 주관만 강한 사람은 신뢰하기 어렵다. 본인 생각이 있어야 신뢰가 가는 법이다. 생각이 깊은 사람은 입을 다물고 있어도, 튀려고 하지 않아도 주목을 받는다. 스스로 충분하기 때문이다. 꾸미거나 사탕발림하지 않아도, 설명하거나 변명하지 않아도 스스로 충분하기 때문에 무엇을 해도 무게가 있어 보인다.

다시 한번 배우의 연기와 비교해 보자. 왼쪽 그림은 남다르게 보이기 위한 '개성 연기'에 가깝다. 뭔가 있어 보이기 위해 꾸미고 쥐어짠 연기인 것이다. 처음에는 "색다르다 독특하다" 감탄할지 몰라도 세월이 지나면 시들해지는 것이다. 쉽게 질리는 것이다. 오른쪽 그림은 남다르게 보이고 싶은 생각이 없다. 실제 캐릭터에 집중한 '정극 연기'에 가깝다. 튀고 싶지도, 잘난 척하고 싶지도 않은 것이다. 그저 본분에 충실한 것이다. 그런 연기를 보고 사람들은 감동받는다. 오랜 세월이 지난 후에도 기억나서 다시 보고 싶은 것이다.

거짓의
패턴 2

문학

나는 이제 호수다.
여자가 날 굽어본다.
나의 구석구석을 살피며 자신의 모습을 찾는다.
그리곤 간다, 촛불과 달, 그 거짓말쟁이들에게로.
여자와 난 다시 마주 본다―나는 여자를 진실로 비춘다.
그러자 여자가 운다, 손을 떨며 내젓는다.

―「거울」(1963), 실비아 플라스

  실비아 플라스는 자전적인 시를 썼다. 위 시에 등장하는 2명의 캐릭터는 모두 자기 자신이다. 하나는 글을 쓰는 자아, 다른 하나는 고통받는 자아.

플라스는 삶이 괴로웠다. 아이 둘을 낳고 남편에게 버림받았다. 사람들은 무정한 남편을 탓했으나 플라스는 누굴 탓할 처지가 아니었다. 상류층 명문대 장학생의 촉망받던 삶이 매일 끼니를 걱정할 비루한 처지로 전락한 까닭에 그는 거짓말에 기대고 싶었다.

하지만 그는 그러지 않았다. 이 시의 제목은 「거울」이다. 시는 이렇게 시작한다.

> 나는 은이요, 정확이다.
> 내게 편견은 존재하지 않는다.
> 당신이 보는 모든 걸 삼킨다,
> 있는 그대로,
> 사랑과 미움에 물들지 않은 채.

플라스는 있는 그대로의 자신의 모습이 두려워 울었지만 거짓말을 하지 않았다. 대신 진실에서 안식을 얻었다. 위 시는 자신을 향한 목소리였다. 거짓말은 하지 않을 것이며, 있는 그대로 쓰겠다는 다짐이었다. 그는 1963년 자살로 생을 마감할 때까지 진실된 작가의 삶을 살았다. 그리고 그의 창작물은 역사에 남았다.

사람들은 흔히 써 놓은 글의 거짓 여부를 파악하는 것은 불가능하다고 여긴다. 직접 그 사람의 표정과 눈빛과 목소리를 듣고 판단을 해야 알 수 있다고 말한다. 하지만 진실은 그 반대다. 거짓말은 직접 만나는 것보다 써 놓은 글을 보고 판단하는 것이 더 쉽다. 이미 써 놓은 글에는 변명의 여지가 없기 때문이다. 써 놓은 글에 변명을 한다는 것은 곧바로 그 글이 거짓임을 증명하기 때문이다.

플라스의 글이 '거짓 없는 글'인 가장 중요한 이유는 변명하지 않았기 때문이다. 변명을 하는 글은 거짓말을 하는 글이다. 우리는 문학에서 보는 첫 번째 거짓의 패턴으로 '변명'을 이야기한다.

1. 변명

'변명'은 거짓된 글을 판독하기 가장 쉬운 요소다. 진실된 글일수록 구태의연한 부가 설명이 없다. 간결하다. 글의 형식이 그런 것이 아니라 내용이 그렇다. 구태여 같은 말을 반복하거나 불필요한 설명을 덧붙이지 않는다. 그럴 필요가 없기 때문이다. 사람이 진실을 말할 때는 굳이 변명할 필요를 느끼지 못한다.

인간의 심리는 언제나 그렇다. 진실을 말할수록 설명하기 귀찮아진다. 진실을 말하고 있는데 그게 왜 그러냐고, 더 자세히 말해 달라고 하면 짜증이 나고 화가 난다. 내가 진심일 때는 진심을 의심받는 것이—두려운 것이 아니라—그저 짜증 나고 싫은 것이다.

거짓말을 하는 경우에는 그 반대다. 누군가 설명을 요구하지 않아도 자기가 먼저 설명을 한다. 글을 쓰는 중에도 설명하고, 글을 쓰고 나서도 한다. 왜냐하면 거짓말이라고 의심받는 것이 두렵기 때문이다. 그래서 말이 많아진다. 중언부언하며 했던 설명 또 하고, 불필요한 변명도 갖다 붙인다.

사는 게 외로움을 견디는 일이고 새들도 나도 산 그림자도 종소리도 외롭다는 시를 '좋은 시'라고 착각하는 이유는 학교에서 그렇게 배웠기 때문이다. 학교에서는 거짓말에 익숙해지는 법을 배운다. 학교에서는 절대로 거짓말을 구분하는 법을 가르쳐 주지 않는다.

첫째는 학교에 거짓말을 구분할 수 있는 사람이 없기 때문이며, 둘째는 그걸 가르칠 필요도 없기 때문이다.

시에서 불편함 혹은 부자연스러움이 느껴진다면 당신은 시에서 거짓을 감지한 것이다. 사람은 누구나 거짓을 인지하면 불편함을 느낀다. 왜냐하면 믿을 수 없기 때문에, 불안하기 때문이다.

많은 시인들이 외로움에 대한 생각에 너무 많은 설명을 붙인다. 외로움에 대한 '시적 효과'를 위해 실상 관련 없는 주변 사물을 끌어다 끼워 맞췄다. 사람들에게 '잘 보이고' 싶었기 때문이다. 꾸미고 변명할 필요를 느꼈기 때문이다.

인간의 심리는 언제나 그렇다. 진심이 아닐 때면 언제나 그런 필요를 느낀다. 왜냐하면 불안하기 때문이다. 거짓말은 결핍을 의미한다. 비어 있고 모자라기 때문에 거짓말을 한다. 그래서 자꾸 뭔가를 채워 넣고 싶어진다. 그래야 불안하고 결핍된 마음이 진정되기 때문이다.

'진심이 아니기에 불필요한 설명이 늘어나는' 패턴은 다른 곳에서도 반복된다.

설명과 변명이 많아지는 것은 명백히 '남에게 보여 주기 위한' 제스처이다. '너에 대한 나의 그리움'에 대해서 쓴 것이 아니라 나의 그리움에 관한 생각을 '과시'하기 위해 썼기에 이런 글이 나왔다.

때로는 용서와 관용, 위로에 관한 시에서도 아무 진심이 느껴지지 않는다. 쓸데없는 관용어구를 반복하기 때문이다. 진심이 충분치 않기에 이렇게 불필요한 말이 중복되는 패턴이 드러난다. 역逆도 마찬가지다. 말이 중복되면 진심이 흐려지고 본의가 퇴색된다.

거짓말의 패턴은 언어를 사용하는 모든 문화권에서 공통적으로 나타난다.

아무리 서로 다른 언어를 사용하더라도 거짓말을 하면 같은 현상이 발생한다. 다시 말하지만 인간의 심리가 그렇기 때문이다. 인간의 심리는 만국 공통이다.

혹자는 상투성(클리셰)이 문제라고 한다. 하지만 상투성은 문제가 아니다. 진심으로 글을 쓰면 상투적이어도 진심이 전달된다. 다시 말하지만 문제는 변명을 하는 버릇이다. 변명하고, 감추고, 꾸미고, 덧붙이고, 위장하는 것이 문제다.

아래 시를 보자.

> 꼭 함께 있기를 바랐던 사람이 아닌
> 전혀 생각지 않았던 사람과
> 지금 이 모래밭에 함께 있구나
> 생각할 때가 있습니다
> (중략)
> 꼭 걷기로 마음먹었던 그 길이 아닌
> 전혀 꿈꾸지 않았던 길 걸어온 지
> 어느새 이리 오래되었구나
> 생각하는 저녁이 있습니다.
>
> ―「꿈꾸지 않았던 길」(1998), 도종환

이 시 역시 처음부터 끝까지 상투적인 표현으로 가득하다. 어디선가 많이 듣던 내용 같다. 하지만 중요한 차이점이 있다. 변명하거나 꾸미지 않았다는 것이다. 작가의 마음이 그대로 표현됐다. 이 시가 마음에 들고 말고를 떠나, 이 시는 거짓말을 하지 않았다. 변명하지 않았기 때문이다.

위 시를 쓴 작가는 분명 '인생의 의외성'에 대해 많은 생각을 했거나 절박하게 느낀 바가 있었다. 그래서 이런 글을 썼다. 나의 생각을 누군가 볼까 걱정하지도, 내가 왜 이런 생각을 했는지, 누구 때문에 이런 생각을 하게 됐는지, 그래서 그게 어쨌다는 것인지 아무 설명도 하지도 않았다. 왜냐하면 작가는 거짓말을 하지 않았기 때문이다. 진심을 얘기하는 데는 이유가 필요 없기 때문이다.

앞서 미술 작품에서 보았듯, 절박해서 글을 쓰는 사람에겐 불필요한 미사여구나 억지 변명이 필요하지 않다. 자신의 절박에 머리를 파묻고 한없이 집중하기 때문에 그럴 생각을 하지 못한다.

아래 시를 보자.

> 택시가 서자 택시에서 꽃이 내렸다.
> 꽃은 기차표를 끊어 남쪽으로 떠났다.
> (중략)
> 트럭이 서자 가로수가 내렸다.
> 생 잎을 떨구다 가로수도 떠났다.

바람이 서자 도시를 부둥켜안고 있던
노래가 내렸다.
몇은 떠났지만 몇은 혀끝에 잡아두었다.

(중략)

―「망설임, 그 푸른 역」, 김왕노

 이 시에서 '나'는 혼자 머물러 있다. 주변 모두가 떠나고 잊히는 동안 홀로 남아 허무를 느낀다. 영화 속 '패스트 모션fast motion'처럼 모두가 바람처럼 스쳐 지나고 주인공은 그 자리에 망설이며 바라본다.
 시는 전체적으로 불친절하다. 제목마저 왜 저리 지었는지 알 수 없다. 모든 것이 애매하고 불분명하지만 작가는 시의 마지막 줄에 이르기까지 아무런 설명도 변명도 하지 않는다. 그럼에도 이 글을 읽는 사람은 어떤 감정을 느낀다. 당신이 이 글이 마음에 들건 마음에 들지 않건 상관없이 이 글에서는 작가의 감정이 흘러넘친다.
 절실했기 때문이다. 이 글을 쓴 이유가 스스로 절박했기 때문이다. 나의 감정이 절박에 이르러 글을 썼기에 이런 시가 나왔다. 내가 어떤 상황에 처했고 왜 이런 감정을 느꼈고 왜 이런 표현을 했는지 알려 줄 필요가 없었다. 왜냐하면 스스로 충분했기 때문이다. 마음 어느 한구석에도 거짓말이 없었기에 모든 허물과 강박 관념과 의무감에서 벗어날 수 있었다.

거짓말을 하지 않는다는 것은 자유로워지는 걸 의미한다. 당신의 마음이 무엇인가에 묶여 있다면 당신은 아직 충분히 진심이 아닌 것이다. 당신이 이야기를 할 때 자꾸 변명하고 덧붙이고 공감을 구걸하고 싶다면 당신은 자유롭지 않은 것이다. 왜냐하면 당신의 마음은 어느 한구석에서 거짓말을 하고 있기 때문이다.

글도 마찬가지다. 글이 무언가에 얽매여 있는 것 같다면 글을 쓴 사람은 분명 어디에선가 솔직하지 못한 것이다.

김왕노의 시에는 거짓말하지 않는 글의 중요한 특징을 또 하나 보여 주고 있다. 글쓴이가 드러나지 않는다는 점이다. 시를 읽으면 나라는 사람의 '감정'이 읽히지만, 정작 그 '사람'은 감지되지 않는다. 왜냐하면 과시하지 않았기 때문이다. 글을 쓸 때 나는 더 이상 중요하지 않기 때문이다. '자기 과시'는 거짓을 판독하는 또 하나의 결정적인 요소다.

2. 과시

죽음이여 잘난 척 말라,
사람들은 널 두려워하지만,
넌 두려운 존재가 아니다.

> 넌 그저 독약과 질병과 전쟁 속에 사는
> 절망한 자들의 노예,
> 가여운 죽음, 네가 죽였다 믿는 사람들은
> 죽은 것이 아니며, 아편 중독처럼 잠든 것뿐,
> 짧은 잠을 자고 나면 영원히 깨어나리니.
>
> ─「Death Be Not Proud」(1633), 존 던

 이 시의 문제는 '글 안에 내가 너무 많다'는 것이다. 글 중에는 '나'라는 사람이 드러나지 않는다. 하지만 글을 읽는 사람들은 화자의 존재를 강하게 느낀다.

 글은 대단히 강압적이다. '죽음'이라는 대상을 향해 윽박지르듯 이야기하고 있다. 그럴 수밖에 없다. 왜냐하면 죽음이 두렵기 때문이다. 죽음이 두려운 존재가 아니라고 애써 강조하지만, 사실은 두렵기 때문에 이러는 것이다.

 사람이 말을 하거나 글을 쓸 때 자의식이 과도하게 드러나는 경우가 있다. 반드시 "나는 이런 사람이다!"라고 직접 말하지 않더라도, 과도한 표현을 쓰거나, 의견을 강하게 드러내거나, 윽박지르거나, 권위적이 되거나, 상대를 의도적으로 낮춰보는 것은 자의식의 또 다른 모습이다.

 말이나 글에서 자의식이 드러나는 이유는 자기 방어를 위해서다. 나에게 약점이 있기 때문에, 내가 거짓말을 하기 때

문에 신경이 쓰일 수밖에 없다. 상처받는 걸 경계할 수밖에 없다. 그러기에 과시를 한다. 나를 부풀려 보이려고 한다. 과도하고 거친 표현, 권위주의, 강압적 태도, 모두 자기 과시를 위한 목적이다. 그래야 내가 강한 것처럼 보이기 때문이다. 복어와 같다. 자신을 부풀려 상대에게 겁을 주려는.

위 시를 다시 보자. 시인은 애당초 죽음이 두렵기 때문에 저런 글을 썼다. 시의 출생 자체가 거짓말이다. 그래서 표현이 저렇다. 강압적이고, 거칠고, 권위적이다. 그렇지 않으면 내가 상처받기 때문이다. 죽음에 대한 두려움에, 거짓된 자의식에, 태생적인 거짓말에.

'자기 과시'는 서양 문학에 자주 드러나는 거짓의 형태다. 서양인들은 어릴 때 학교에서 '자기 과시형' 문학을 아름다운 글인 것처럼 배운다.

> 결말이 스스로를 말하듯
> 너의 첫인상이 너의 최선이었을 거야.
> 난 네가 X으로 가득 찼다는 걸 알아, 내가 맞았어.
> 난 네 환상을 알아, 현실을 황금으로 수놓고 싶은 게지.
> 난 네 껍데기 속을 알아, 네 머릿속을 말이야.
> 이젠 모두 끝났어.
>
> ―「Headstrong」(2002), 트랩트

이 미국 록밴드의 노래 가사는 자기 과시형 글이 얼마나 불쾌해질 수 있는지를 잘 보여 준다. 이들은 하고 싶은 말이 있어서가 아니라 자기 존재를 과시하기 위해 이런 글을 썼다. 그래서 표현이 이렇다. 본 존 던의 시와 마찬가지로 상대를 노골적으로 조롱하고 경멸하고 윽박지르고 있다. "내가 너보다 한 수 위라는" 우월주의, "너 따위는 아무것도 아니라는" 차별주의는 두말할 필요 없이 자기 자신을 돋보이게 하기 위함이다.

"결말이 스스로를 말하듯conclusions manifest"—이런 유형의 글을 쓰는 사람들은 시작부터 이런 장엄한 표현을 찾는다. 내 존재를 상대에게 과시하기 위함이다. 일부러 세게 나가는 것이다. 나에 대한 의심이나 반박을 미리 차단하고 싶은 것이다.

같은 유형의 가사를 더 보자.

> 이 금욕주의적 경련을 보면
> 이상하게도 흥분되겠지.
> 양치기가 양치기를 만나는 걸 보면
> 조금은 격려가 되겠지.
> 하지만 그래도 해 줄 수 없어.
> 넌 초대받지 않았어,
> 넌 그저 불운한 광경이자,

미지의 영역일 뿐.

—「Uninvited」(1998), 앨러니스 모리셋

　자의식 과잉과 자기 과시의 전형적인 글이다. '금욕주의적 경련stoic squirm' 같은 표현을 보면 글을 잘 모르는 사람은 '글쓴이가 유식하구나'라고 생각하기 쉽다. 사실은 글쓴이가 거짓말을 하기 때문에 저런 무의미한 자기 과시형 표현을 쓴 것이다.

　'알쏭달쏭 무언가 있어 보이는 듯 어려운 표현을 쓰는 것'은 거짓말쟁이 창작자의 가장 고질적인 습관이다. 과학계의 현인들이 지난 수천 년 동안 일관되게 말해 온 것처럼, 어려운 말을 쓰는 이유는 자기도 무슨 뜻인지 모르기 때문이다. 나의 생각이 빈약하기 때문에 어려운 말로 위장하고 싶은 것이다. 생각이 결핍돼 있으니 과도한 표현으로 자신을 과시하고 결핍을 숨기고 싶은 법이다.

　힙합이란 원래 거리의 삶을 날것 그대로 표현하는 문학의 형태였다. 하지만 오늘날 힙합은 자기 과시의 수단으로 이용되기도 한다. 한국 힙합계에서도 자기 과시형 창작이 성행하는 까닭은 미국 문화의 영향이다. 미국의 자기 과시형 노래 가사를 생각 없이 받아들인 결과다.

　글을 오래 써 보지 못한 아마추어들은 자극적이고 특이한 표현이 좋은 글인 줄 착각한다. 이런 거창한 표현을 쓰는 이유는, 경험 부족이기도 하지만, 근본적으로 거짓말을 하기 때문이라는 사실을 이해하지 못한다.

복어 이야기를 떠올려 보자. 자신이 약하기 때문에 몸을 부풀린다고 했다. 말이 요란하고 거창해지는 것은 화자가 혹은 화자의 아이디어가 빈약하기 때문이다. 마음과 생각이 부서질 듯 약하기에 과장된, 거짓된 표현을 쓸 수밖에 없다.

> 소년은 뉴올리언즈에서 갈빗대를 잃었다.
> 그럼에도 창녀들에게 눈을 뗄 수 없었다.
> 갈빗대를 잃은 소년은 밤하늘에 울부짖었다.
> 내가 뭘 잘못했을까? 대체 뭘 잘못했을까?
> 난 이렇게 되고 싶지 않았어,
> 난 단지 여자가 필요할 뿐이야
> 잃었던 감각을 되찾을 수 있게.
>
> ─「Ghost」(1997), 라이브

어렵고 거창한 표현이 아니더라도 이렇게 뜬금없이 자극적인 표현을 쓰는 것 역시 마찬가지 문제다. '뉴올리언즈에서 갈빗대를 잃었다고 하면 사람들이 주목해 주겠지'라는 심리로 쓴 글이다. '여기에 창녀를 등장시키면 뭔가 섬뜩하고도 대단해 보이겠지'라는 심리로 쓴 글이다.

이런 글의 가장 큰 문제는 사람들이 '글'에 주목하게 만드는 것이 아니라 '글쓴이'에 주목하게 만든다는 것이다. 이런 글을 쓰는 사람들은 명백히 자신의 '글'에 관심을 끌려는 것이 아니라, '자기 자신'을 돋보이게 하고 싶은 것이다. 그래서 글에는 내용이 남질 않고, 글 쓰는 사람의 표현과 스타일만 남는다. 알맹이는 없고 껍데기만 남은 글이 되는 것이다. 알맹이가 초라할수록 껍데기는 더 요란해지기 마련이다. 결핍돼 있기 때문이다.

　닭과 달걀의 문제다. 애초에 알맹이가 없기 때문에 과도한 껍데기가 양산되기도 하고, '이런 글을 쓰면 멋있어 보이겠지'라는 허세로 글을 쓰기 때문에 알맹이가 사라지는 현상이 빚어지기도 한다. 원인이 무엇이든 결과는 매한가지다. 이런 과시형 글은 글쓴이가 거짓말을 하고 있다는 명백한 증거일 뿐이다.

　이와는 반대로, 글에서 글쓴이가 드러나지 않는 글이 있다. 거짓말을 하지 않는 글이다.

　　　나는 알지도 못한 채 태어나 날 만났고
　　　내가 짓지도 않은 이 이름으로 불렸네
　　　걷고 말하고 배우고 난 후로 난 좀 변했고
　　　나대로 가고 멈추고 풀었네

거짓의 패턴

나는 알지도 못한 채 이렇게 태어났고
태어난지도 모르게 그렇게 잊혀지겠지
존재하는 게 허무해 울어도 지나면 그뿐
나대로 가고 멈추고 풀었네

—「9」(2008), 이소라—

 이 시는 처음부터 끝까지 '나'에 대한 이야기이다. 하지만 시를 읽는 사람들은 '나라는 사람'에 집중하는 것이 아니라 '나라는 사람이 갖는 감정'에 집중한다. 글쓴이의 자전적 이야기를 썼지만 글에는 글쓴이가 느껴지지 않는다. 왜냐하면 이 글을 쓴 작가는 과시하지 않았기 때문이다. 작가는 자연물을 묘사하듯 자신에 관한 글을 썼다. 들에서 나고 자란 식물의 관찰기를 쓰듯 나의 절박한 심정을 담담히 그렸다. 아무 과장 없이 쉽고 평이한 글로. 마치 아무도 들어 줄 사람 없는 허허벌판에 홀로 남아 이야기하듯.

 처음부터 진심이었기 때문에, 애당초 진심이 절박해 글을 썼기에 과시할 필요가 없었다. 내가 정말 절박해서 글을 쓰면 (최소한 글을 쓰는 동안에는) 남에게 보여 주고 싶은 욕심이 수그러든다. 그래서 기교도, 과장도, 어려운 단어도 없이 그냥 평소 쓰는 말 그대로 쓴다. 그리고 독자는 글이 자연스럽다고 느낀다. 글이 마음에 들든, 마음에 들지 않든, 자기도 모르게 글쓴이의 심정을 헤아린다.

> 무료한 공상에 젖어 헤매일 때
> 헬리콥터 소리가 창문 흔드네
> 아주 낮게 낮게 날고 멀리....
> 보일까 김이 서린 뿌연 창에
> 더운 내 이마를 대고
> 지난밤 심하게 몸살을 앓아
> 모든 게 커 보이네
>
> ―「헬리콥터」(2002), 장필순

 문학은 때로 역설적이다. '나'에게 집중할수록 글에서 '나'의 존재는 사라지며, '듣는 사람'에게 집중할수록 글에서 '나'의 존재는 강해진다. 이 가사에는 자극적인 표현이나 거창한 단어가 하나도 없다. 하지만 묵직한 느낌을 준다. 거짓말을 하지 않는 글의 힘이다.

 장필순의 노래 헬리콥터는 나에게, 내가 하고 싶은 이야기에 집중했다. 이소라의 노래와 마찬가지로 처음부터 끝까지 '나'에 대한 이야기지만 '나'의 존재는 좀처럼 두드러지지 않는다. 듣는 사람을 무시하고 내가 하고 싶은 말에 집중할수록 그렇게 된다. 글에서 자아가 죽고 내가 하고 싶은 말이 살아

숨쉰다.

> 한참 동안
> 한 마디도 쓰지 못하고
> 멍하니 하늘만 바라보다가
> 끝끝내
> 아무 말도 쓰지 못 하고
> 나직이 그대 이름만 부르다가
> 사랑한다는 말 대신에
> 빛깔 고운 단풍잎 하나
> 그대에게 보내 드립니다.
>
> ―「가을 편지」 조현자

 이 시를 쓴 사람은 분명 누군가에게 이 글을 보여 주고 싶은 마음이 있었다. 하지만 그럼에도 이 글은 거짓말을 하지 않았다. 왜냐하면 듣는 사람보다는 내가 하고 싶은 이야기에 집중을 했기 때문이다. 그래서 표현이 이렇다. 과시하지도, 센 척하지도 않은 채, 그냥 부끄러운 몇 마디 중얼거리다 끝난다.
 앞서 말했듯 상투성은 문제가 되지 않는다고 했다. 위 시는 분명 상투적인 내용이지만 작가의 심정이 잘 전달된다. '어디에 더 집중하느냐의 문제다. 듣는 사람보다 내가 더 중요하면 그만큼 거짓은 줄어든다.

> 2차 대전에 참전했을 때. 차디찬 새벽,
> 자고 있던 참호 위로,
> 솟아오르는 태양을 등지고
> 머리 위를 덮쳐 오는 탱크를 봤어.
> 온몸에 전율이 흘렀어. 신을 본 것 같았지.
> 내가 당신을 볼 때,
> 그때가 바로 그런 기분이야.
>
> ―「Love in Brooklyn」(1980), 존 웨이크먼

역시 사랑에 관한 시다. 서양 문학 특유의 거칠고 대담한 표현이 주류를 이룬다. 하지만 앞서 봤던 자기 과시형 글과는 다르다. 왜냐하면 나 자신에 집중했기 때문이다. 사랑하는 사람에게 고백을 하는 내용이지만 시에는 아무런 거짓이 느껴지지 않는다.

반대로 설명해도 마찬가지다. 표현에 신경을 쓰는 것은 화자의 심정이 거짓이라는 것을 말해 준다. 하지만 이렇게 실제 있었던 일―에피소드에 집중하면 독자는 (이것이 실제 있었던 일인지 아닌지 상관없이) 글이 진심을 이야기하는 것처럼 느낀다.

거짓의 패턴

사실을 말하자면, 표현이 현란할수록 글은 거짓에 가까워진다. 글이든 그림이든 음악이든 기술에 의존할수록 "하고 싶은 이야기"는 설 자리를 잃는다. 표현의 방법—기술은 결국 자기 과시를 위한 도구로 전락하는 경우가 많다.

> 가까스로 저녁에서야
>
> 두 척의 배가
> 미끄러지듯 항구에 닻을 내린다
> 벗은 두 배가
> 나란히 누워
> 서로의 상처에 손을 대며
>
> 무사하구나 다행이야
> 응, 바다가 잠잠해서
>
> ―「밀물」(2014), 정끝별

이 시는 작가가 직접 경험한 일도 아니고, 누군가로부터 전해들은 간접 경험도 아니다. 위 시의 내용 자체는 철저한 거짓이다. 순전히 지어낸 것이다. 하지만 이 시를 읽는 사람들은 정말로 있었던 일처럼 느낀다. 정말로 항구에 닻을 내린

두 척의 배가 바다에서의 힘든 일을 마치고 서로 다정한 대화를 나누고 있는 것처럼 느낀다.

왜 거짓이 진실이 됐을까. 작가가 정말로 그렇게 느꼈기 때문이다. 작가는 항구에 정박한 배를 보며, 그들의 배에 새겨진 무수한 상처를 보며 자신의 감정을 이입했다. 배들이 춥고 힘들었겠다고.

가슴 깊은 곳에서 찰랑찰랑 차오른 측은지심은 이렇게 표현되었다. 있는 그대로. 별다른 표현이나 기술 없이. 몇 안 되는 평범한 단어 몇 개로 무생물에 애틋한 생명을 불어 넣었다. 진심이란 그렇다. 본인이 정말로 그렇게 느끼면 듣는 사람도 그렇게 느낀다. 어떠한 과시나 권위 없이.

결국 거짓을 판독하는 가장 본질적 방법은 작가가 얼마나 하고 싶은 말이 있었는지, 얼마나 절박했는지 보는 것이다. 기본적으로 하고 싶은 말이 있어야 진심인 법이다. 하고 싶은 말이 없으면 진심은 존재할 수 없다. "0이면 없고, 1이면 있다"는 이진법처럼 간단명료한 사실이지만 사실은 가장 구분하기 어렵다. 이를 이해하기 위한 가장 쉬운 접근법은 '포장과 내용'이다. 포장이 요란할수록 내용이 부실한 법이고, 내용이 충실할수록 포장이 부실한 법이다. 우리는 이 원리에 따라 문학의 거짓 세 번째 패턴을 살펴본다.

3. 포장

비슷한 시상으로 시를 써도, 비슷한 감정으로 가사를 써도, 포장이 과하면 진심이 느껴지지 않는다. 우리에게 익히 알려진 글들 중에도 자신의 내면이 아니라 타인의 시선을 의식하고 바깥 풍경이나 관련 없는 사물을 끌어와 멋들어지게 보이려고 쓴 글이 많다. 이런 문학에는 표현의 기술만 가득하다. 하고 싶은 말이 별로 없어서 그렇다.

풍경만 보고 피상적인 느낌으로 글을 쓰니 "까닭도 없이 눈물이 겨운 것"*이다. 어쩌면 능수능란한 기술이 문제였는지 모른다. 설익은 감정을 '그럴듯하게' 포장할 수 있는 기술이 있었기에 대충 풍경만 보고, 실은 아무것도 느끼지 못한 채, 수려한 글을 썼는지도 모른다.

우리가 아는 수많은 '고전 문학'들이 이런 식이다. 하고 싶은 말은 없고 기술(스타일)만 있음에도 '고전'이라는 평가를 받는다. 당시에는 그런 기술을 구현할 만한 이가 많지 않았던 탓일 게다. 하지만 고전의 지위를 얻었다고 글이 갑자기 '진심을 담은 글'이 되는 것은 아니다.

어떤 시에서는 아예 아무 감정도 느껴지지 않는다. 애당초 작가가 아무 감정도 느끼지 않았기 때문이다. 하고 싶은 말이

---

*「와사등」, 김광균 시 인용

없었기에 어색한 비유와 뜻 모를 단어들이 난무한다. 이 시에서 읽히는 것은 작가의 감정이 아니라 표현 기술뿐이다.

앞서 '절박함'에 대해 이야기했다. 진심은 절박에서 나온다고 했다. '하고 싶은 말이 있다 없다'를 구분하는 기준은 여기에 있다. 모든 시가 시인의 기준에선 당연히 할 말이 있었으니 쓴 시일 것이다. 하지만 여기서 말하는 '하고 싶은 말'은 '글을 쓰고 싶다는 충동'이 아니다. '차마 글로 쓰기 싫을 정도의 절박'이다.

그저 글을 쓰기 위해 쓴 글이 있는 반면, 생각이 절박해서 쓴 글이 있다. 글을 잘 쓰고 못 쓰고를 떠나, 어느 글이 더 진심일지는 자명하다. 어느 글이 더 거짓에 가까울지도 자명하다. 하고 싶은 말이 있다는 건 그런 의미다. 글을 쓰는 것보다 나의 생각이 더 절박할 때가 바로 '하고 싶은 말이 있는' 때다.

심재휘 시인은 「편지, 여관, 그리고 한평생」(2017)이라는 시에서 하고 싶은 말을 시의 가장 첫머리에 미리 말해 버렸다. "후회는 한평생 너무나 많은 편지를 썼다는 것이다." 이 한마디면 충분할 수도 있었겠지만, 그러기에는 시인의 감정이 너무도 절박했다.

시인은 시를 통해 말했다. 사랑에 빠졌으나 움직이지 않았다. 대신 편지를 썼다. 그래서 사랑은 평생 단 한 발자국도 나아가지 못했다. 정착하지 못하고 떠돌 듯 살았으나 사랑은 그

자리에 정지한 채 낡아 갔다.

현란한 표현법이 느껴질 수도 있으나, 이 시를 읽으면 표현의 기술에 감탄하기 전에 작가의 절박을 먼저 느낀다. 작가가 하고 싶은 말이 무엇인지는 시를 끝까지 다 읽어도 모를 수 있다. 중요한 것은 하고 싶은 말이 무엇인지 파악하는 것이 아니다. 작가가 글 쓸 때의 심정을 이해하는 것이다.

이 글에서 작가의 절박한 감정을 느꼈다면 이 시를 이미 훌륭히 이해한 것이다. 시는 원래 그런 목적으로 쓰인다. 작가는, "이거 이런 뜻이죠?"라고 아는 척하는 독자보다는, "읽고 왠지 모르게 뭉클했다"는 독자를 더 좋아할 수밖에 없다.

"하고 싶은 말이 있었던 걸까?"라는 질문은 그래서 "하고 싶은 말이 무엇인가"를 파악하기 위함이 아니다. 너무나 많은 사람들이 문학을 "그래서 이게 뭘 말하려는 것인가" 분석하려고 한다. 이런 접근법은 필연적으로 문학에 대한 흥미를 잃게 한다. 무슨 말인지 모르면 당황하거나, 창피를 당할까 무섭기 때문이다.

"무슨 말인지 모르겠다, 하지만 작가는 분명 뭔가 절박하게 하고 싶은 말이 있었던 것 같다." 여기까지가 문학을 감상하는 독자의 바른 자세다. 그리고 글의 거짓 여부를 판독하기 위한 마음가짐이다.

김기리 시인이 1936년 발표한 시, 「길」은 앞에 나온 심재휘 시인의 시와 비슷한 심상의 글이다. 하지만 하고 싶은 말이 모호하다. 그래서 "하고 싶은 말이 뭔가?"라고 물으면 낭패를 겪는다.

심재휘의 시는 하고 싶은 말이 쉽게 정리됐으나, 김기림의 시는 그렇지 않다. 그럼에도 오히려 더 절박한 감정이 후려친다. 그래서 하고 싶은 말이 뭔지 묻지 말고, 하고 싶은 말이 있었는가 물으라고 했다.

하고 싶은 말이, 어떠한 감정이 일관되게 전달된다. 아마도 가족과 사랑하는 여자에게 버림받은 설움일지 모른다. 어쩌면 고립된 삶에서 해방되고 싶은 절박이었을지 모른다. 아니면 그런 설움과 절박에 익숙해져 느끼는 기형적인 쾌감일지도 모르겠다. 우리는 그게 무엇인지 몰라도 된다. 굳이 분석할 필요도 없다. 그냥 작가가 쓴 글을 읽으면서 작가의 심정을 헤아리면 된다. 쓸 때 어떤 심정이었을지 그저 막연하게, 절절하게 느끼면 된다.

거짓을 판독하는 능력은 90% 이상이 직감이다. "이 글이 무슨 뜻일까" 돋보기를 대고 분석을 하면 되려 거짓에 속는다.

"잘린 햇빛의 무수한 손목들은 어디로 가요?" 기형도의 「얼음의 빛—겨울 판화」(1999)라는 시에 나오는 표현이다.

시인 기형도는 한국 문학사에 센세이션이었다. 기형도처럼 글을 써서 현란하고 자연스러운 이미지를 만드는 사람은 없었다. (앞으로도 없을지 모른다.) 하지만 그 이미지 뒤에 무엇이 있는지 살펴보는 사람은 없다. 왜냐하면 글의 화려함에 모두가 눈이 멀었기 때문이다.

기형도의 시는 어느 하나 빠지지 않고 모두 다 절박한 느낌이 있다. 글 한 줄을 아무렇지 않게 써도 감성 에너지가 폭발했다. 그래서 사람들은 기형도의 글에 진심이 있다고 믿는다. "이 사람이 정말 하고 싶은 말이 있었는가"라는 관점으로 보면 그렇지 않다. 절박했던 것 같지만, 사실은 가장된 절박이다. 하고 싶은 말이 없었음에도 마치 있었던 것처럼 위장을 했다. 그런 면에서 기형도는 문학 센세이션이다. 지금껏 그런 식으로 성공한 사례가 없었기 때문이다.

풍경을 보고 쓴 글이다. 지나다 본 풍경에 마음이 동해 그때의 마음을 글로 옮긴 것이다. 기술적으로 현란하며, 그리고 느껴지는 이미지도 강렬하고 아름답다. 하지만 그렇다고 이 글에 원래 없던 하고 싶은 말이 생기는 것은 아니다. 이 글에는 여전히 '하고 싶은 말'이 없다. 그래서 기형도의 시에 돋보기를 들이대고 무슨 말인지 해석하면 모두가 틀린다. 서로 다른 말을 했다가 나중에야 서로 눈치를 보며 해석을 맞춘다. '글을 이렇게 잘 썼으니 뭔가 대단한 철학이 숨겨져 있겠지'라는 어리석은 착각에 빠져 살기에 속을 수밖에 없다.

다른 글을 보자.

세상에 발 없는 새가 있다더군.
    늘 날아다니다가 지치면 바람 속에서 쉰대.
    평생 딱 한 번 땅에 내려 앉는데 그건 바로 죽을 때지.

    —영화 「아비정전」(1990) 中

 페이스북 같은 SNS에 자주 보이는 유형의 글이다. 뭔가 있어 보이기에 인기가 있는 글이다. 글에는 뭔가 대단한 철학이 담겨 있는 것 같다. 우화allegory에 길들여진 사람들의 습성 때문이다.

 상투적인 표현이니 남에게 보여 주려고 쓴 글이겠지 단정 짓기 전에, "그래서 하고 싶은 말이 있었던 걸까? 사람들에게 보여 주려고 쓴 글은 아닐까?"라는 생각이 필요하다.

 위 글이 말하고자 하는 바는 "날지 못하면 차라리 죽겠다"는 것이다. 대단한 철학은 아니고 싸구려 감성에 더 가깝지만, 어쨌든 이 글에는 하고 싶은 말이 있다.

 당신이 이 글을 '사람들에게 보여 주려고 쓴 글'이라고 판단을 했더라도 틀린 것은 아니다. 왜냐하면 이 글은 명백히 하고 싶은 말을 하기 보단 남들에게 '허세를 부리기 위한' 목적이 더 강했기 때문이다. 그래서 이 글에선 '자유롭지 못하면 죽는 게 낫다'는 생각보다는 '젊은 혈기의 허세'가 더 절박하게 느껴진다. 글을 쓴 사람은 그런 의도가 아니었더라도 글은 그렇게 남았다.

생각이 더 절박했더라면 우화적 표현은 쓰지 않았을 것이다. 왜냐하면 표현을 하는 것보다 생각을 전달하는 것이 우선이었을 테니까. "발 없는 새"라는 거창한 환상 속 동물에 빗대 자신을 과시하기보다는 내 안에 자라난 생각에 집중했을 테니까.

거짓을 판독하는 방식은 천칭 저울을 쓰는 것과 같다. '하고 싶은 말'과 '자기 과시(혹은 표현 기술)' 중 어디에 더 무게가 실려 있는지를 보는 것이다. 여기서 글쓴이의 의도 따위 중요하지 않다. 글쓴이가 아무리 "나는 하고 싶은 말에 중점을 뒀다"고 변명을 해도 소용이 없다. 왜냐하면 글에서 그게 느껴지지 않으면 그만이기 때문이다.

다시 기형도의 시를 보자.

"누구나 조금씩은 안개의 주식을" 가졌다는 시「안개」(1985)에 대한 해석은 모두가 제각각일 것이고, 작가에게 직접 물어봤더라도 속 시원한 대답은 듣지 못했을 것이다. 왜냐하면 이 시는 명백히 '하고 싶은 말'보다는 '자기 과시'에 더 무게가 실려 있기 때문이다. 물론 기형도 시인에게 과시를 위해 시를 썼느냐 물었다면 펄쩍 뛰며 부인했을 것이다. 사실 그의 시는 '과시'라는 표현보다는 '재미'라는 표현이 더 가깝다.

기형도는 어떤 메시지를 전하기 위해 시를 쓴 것이 아니라,

창작 자체에 쾌감을 느꼈기에 시를 썼다. 그래서 위 시에는 작가의 심정이 느껴지질 않는다. 창작의 즐거움은 물씬 느껴지지만, 작가의 절박한 심정은 없다. 글 속의 등장인물들은 절박한 상황일지 모르나, 그게 작가가 하고 싶었던 말은 아니다.

풍경에 자신의 감정을 억지로 끼워 넣은 시보다는 정직하고 자연스럽다. 그리고 상투적인 표현만 남발한 시보다는 참신하고 흥미진진하다. 하지만 그것이 전부다. 애당초 절박한 감정에 기대고 쓴 글이 아니라, '흥미로운 글을 쓰기 위해' 글을 썼기에.

다른 시를 보자. 문인수 시인의 「꼭지」(2004)는 기형도의 「안개」와 비슷한 모티브다. 하지만 명백한 차이가 있다. 시인은 "독거노인 저 할머니"가 동사무소로 힘겨운 걸음을 옮기는 모습이 "달팽이 같다"고 썼다. 여기에서는 시인의 심정이 느껴진다. 기형도의 시에는 풍경과 분위기가 느껴지지만, 이 시에서는 감정이 느껴진다. 시인의 존재는 털끝 하나 드러나지 않지만, 독자는 시인의 심정을 느낀다.

이 시는 독거노인 할머니에 대한 묘사에 그치지 않는다. 할머니의 허리가 꼬부라진 모습에 주목하는 것이 아니라, 할머니의 지지부진한 삶에 주목한다. 독자는 그래서 이 시를 읽으며 할머니에게 감정을 이입한다.

글쓴이가 그랬기 때문이다. 시인은 단순히 겉모양만 핥지 않았다. 할머니에게 감정을 이입했다. 남은 인생을 간신히 끌고가는 할머니의 모습을 보며, 시인은 마치 자신의 일인 양 어떠한 절박을 느꼈다.

문태준 시인의 「가재미」(2004) 속 "암 투병 중인 그녀"는 문태준의 친척이었다. 문태준 시인은 죽음을 앞둔 이의 모습을 슬픔으로 묘사하지 않았다. 죽음은 '까닭 없는 슬픔'이 되지 않았다. '작가 자신의 절박'이 되었다. 감정이 절박했기에 작가의 심상은 기형이 되었다. 그래서 「가재미」라고 했다. 너무나 절박했기에 두 눈이 한쪽으로 가 붙었다. 떠내려가기 싫어 바닥에 바짝 엎드려 애타게 남은 생에 기댔다.

독자는 "왜 가재미인가" 혹은 "무슨 말을 하려는 건가" 묻기 전에 느낀다. 죽음에 대한 처절함과 끝없는 절박함을. 왜냐하면 작가가 정말로 그렇게 느꼈기 때문이다.

> 나는 친구에게 화가 났네:
> 나의 분노를 얘기했네, 분노가 사라졌네.
> 나는 내 적에게 화가 났네:
> 얘기하지 않았네, 분노가 자랐네.
> 분노는 두려움 속에 자랐네,
> 밤낮 흘린 내 눈물 먹고;
> 나는 분노를 웃음으로 밝혔네,

부드럽지만 교활한 속임수처럼 웃었네.
그랬더니 분노는 밤낮으로 자랐네
싱싱한 사과 한 알을 품을 때까지;
나의 적은 내 사과를 보았네, 빛나고 있었네,
내 것임을 알고 있었네,
그리곤 내 정원에 들어와 훔쳤네
밤의 어둠이 사방을 뒤덮었을 때:
아침에 나는 보아서 기뻤네
내 적이 나무 밑에서 안간힘 쓰는 것을.

―「A Poison Tree」(1794), 윌리엄 블레이크

  이 시는 지금까지 예로 든 시들 중에 가장 '멋없는' 시다. 이걸 누구한테 보여 준다는 생각조차 하지 않은 것 같다. 혼자 보려고 쓴 것 같은 이 글은 하지만 글쓴이가 하고 싶은 말이 절실하게 느껴진다.
  그 하고 싶은 말을 좋아하라는 것이 아니라, 글이 거짓인지 진심인지 구분을 하란 것이다. 이 시가 마음에 들지 않는 사람은 많겠지만, 어쨌거나 이 시는 거짓말을 하지 않았다.
  시인이 이 시에서 하고 싶었던 말은 "미운 놈 떡 하나 더 준다"이다. 시인은 애당초 그 말만 하고 말았을 수도 있다. 하지만 그러지 않았다. 그러기에는 자신의 감정이 너무 절박했다.

그래서 시를 썼다. 분노를 참고 참고 또 참다 보니 희화화되었다. 그래서 분노는 슬픔이나 폭력이 되지 않고 기쁨이 되었다. 비극이 될 수 있었던 이야기는 코미디가 되었다.

 이 시는 어쩌면 '글의 진심'에 관한 알레고리allegory일지도 모르겠다. 글이 진심이 되려면 이래야 하기 때문이다. 느끼는 걸 바로 바로 퍼내는 것이 아니라 내 안에서 곪고 상하고 뭉쳐서, 나무가 되고 열매를 맺을 때까지 인내해야 하기 때문이다. 절박함은 깊은 생각이 되고, 깊은 생각은 거짓 없는 글이 되기 때문이다.

거짓된 글 vs. 진실된 글 ①

> 내 교회에는 신전 하나밖에 없지만
> 수백만 개의 별과,
> 수백만 명의 마음이 함께해
> 세상 그 어떤 공간보다 넓다네,
> 내 교회에는 지붕과 벽도 없다네,
> 바닥도 깔지 않아 아름다운 흙만 있다네,
> 지붕과 벽과 바닥이 막을까 두려워,
> 무한한 하느님의 사랑을.
>
> ―「My Church」, 작자 미상

 변명으로 가득 찬 글이다. 다시 말하지만, 이런 글의 패턴을 기억할 필요가 있다. 쓸데없이 표현을 중복하는 건 명백히 변명을 하기 위함이다. 과시를 하려다 보니 표현이 많이 필요할 수밖에 없다. 저질 재료를 쓰는 요리에 조미료와 양념이 많이 들어가는 것과 같은 이치다. 이 글의 저자는 거짓말을 할 의도가 없었는지 몰라도 글은 거짓으로 남았다. "무한한 하느님의 사람"에 대한 진심을 쓰고 싶었다면 자랑하는 데 혈안이 되기보다는 내 감정에 절박하게 매달렸을 것이다.

누구에게 일요일은 교회 가는 날,
난 집에서 노는 날,
집 앞 잡새들이 성가대처럼 지저귀고,
사람들은 경건한 옷을 입고,
난 소싯적 뱃지를 단다,
하지만 나는 천국에 가지 않고
사람들과 어울릴 거야.

―「Some Keep the Sabbath going to Church」(1864), 에밀리 디킨슨

 같은 소재의 글이지만, 여기에는 작가의 진심이 있다. 변명이나 과시 없이, 본인의 생각을 솔직하게 전달하고 있다. "누가 보든 말든 나는 그냥 내 이야기를 할 거야.", "죽은 뒤에 천국 가려고 교회에 가느니 나는 지금 행복하게 살 거야" 이 두 가지 생각은 이 시에서 같은 마음이 되었다.

거짓된 글 vs. 진실된 글 ②

 에픽하이의 「Mr. Doctor」(2007) 가사를 보자. "태양이 내 몸을 녹여 버릴까", "미소란 감투", "몰핀을 팔에 놔 주는", 이런 자기 과시와 진심은 상극이다. 과시를 하면 진심이 죽고, 진심을 이야기하면 과시는 사라진다.

깊은 곳이라 해도 햇빛 어느새 스며드네.
어지럽게 엉켜 있는 작은 내 서랍 속
오랜 시간 속에 쌓인 그 침묵 위에까지.
커튼 활짝 열어야지 햇빛 가득 넘치게.
커튼 활짝 열어야지 눈부시게 기뻐 춤추는 먼지들.

―「햇빛」(2002), 장필순

 진심이 담긴 가사다. 진심을 이야기하면 자기 과시가 사라진다. 이 글에는 작가도, 말하는 사람도 없다. 여기에는 오직 누군가의 글 쓸 때의 심정만 남아 있다. 잔잔하고 평이하지만 작가가 무슨 생각과 무슨 감정을 갖고 있었는지 독자들은 쉽게 인지할 수 있다. 그래서 독자들은 이 글을 읽으며, 마음에 들건 안 들건 상관없이, 잠시나마 작가의 심정에 잠겼다 나온다.

거짓된 글 vs. 진실된 글 ③

 「Moai」(2009) 가사를 보면 서태지가 무슨 말을 하고 싶었는지 알 수는 있다. 하지만 이 글은 명백히 본인이 절박해서 쓴 글은 아니다. '하고 싶은 말'과 '자기 과시(혹은 표현 기술)'를 저울질하려고 했다. "벗어 두고 온 날의 저항", "숱한 변명의 노", "마음을 해체시켜". 애초에 하고 싶었던 말이 절박했더라도 쓰는 중에 욕심을 부리면 처음의 절박함은 온데간데없이 사라져 버린다.

> 비 오는 날 차 안에서 음악을 들으면
> 누군가 내 삶을 대신 살고 있다는 느낌.
> 지금 아름다운 음악이
> 아프도록 멀리 있는 것이 아니라
> 있어야 할 곳에서
> 내가 너무 멀리 왔다는 느낌.
>
> ─「음악」이성복

비슷한 심상의 시다. 여기에는 아무 과시가 없다. 어려운 단어도 없고, 잘난 척 하기 위해 꼬아 쓴 표현도 없다. 그렇다고 설명문 같은 단조로움도 건조함도 없다. 글은 평이하면서도 작가의 심정을 뭉클하게 전달한다.

음악을 들으며 느꼈던 감정을 붙들고 참으로 오랜 시간을 생각했기 때문이다. 진심은 생각의 깊이에서 나온다고 했다. 굳이 누군가를 위해 재미있게, 현란하게 쓰려 하지 않아도 생각을 깊게 하면 이처럼 자연스레 글이 아름답고 침착해진다.

거짓된 글 vs. 진실된 글 ④

> 당신이 지금 하려는 말은 후회될지 모릅니다.
> 쉽게 잊혀지지 않을 모욕을 받았을 때,
> 분노를 꺾고 마음의 평화를 유지해야 합니다.
> 당신의 정신이 고요할 때,
> 당신의 괴로운 생각은 멈추기 때문입니다.
>
> ―「The Most Vital Thing in Life」 작자 미상

이 글은 변명하지도, 과시하지도 않고 그저 평이하다. 하고 싶은 말도 보인다. 하지만 거짓말이다. 다시 말하지만, 글쓴이의 진심이 전달되어야 진심인 글이라고 했다. 이 글의 가장 큰 문제는 하고 싶은 말이 하고 싶은 말이 아니라는 점이다. 이 글은 자기가 정말로 그렇게 느껴서 쓴 글이 아니라 명백히 다른 사람에게 훈계하기 위해 쓴 글이다. 애당초 글을 쓴 목적이 '뭔가를 절실히 느꼈기 때문'이 아니라, '다른 사람을 가르치기 위함'이었다. 이 글을 읽었을 때 본능적으로 불편함이 느껴졌다면 이 때문이다.

사람이든 동물이든 절박할수록 주변을 돌아볼 겨를이 없다. 다른 사람에게 '훈계'하려는 사람은 99% 거짓말을 하는 것이다. 사람은 자신이 못하는 것을 다른 사람 탓을 하려고 한

다. 자신이 절실하지 않기 때문에 다른 사람에게 신경 쓰고 눈치를 보는 것이다.

저 글을 쓴 사람은 실제로는 "모욕을 받았을 때 분노를 꺾지" 못하는 사람이다. 다른 사람들에게 훈계를 하는 이유도 사실 자기 과시에 불과하다. 이 글에는 본질적으로 '나는 이렇게 하고 있으니까 너희들도 본받아'라는 의도가 숨어 있다. 실제로는 내가 이렇게 하지 못하는 걸 감추기 위해 이런 말을 하는 것이다. 이렇게 훈계를 남발해야 거짓된 내 마음이 편해지기 때문이다.

> 고난에 관해 그들은 한 번도 틀린 적이 없다.
> 고대의 장인들,
> 그들은 인간의 비참함이 어디에 있는지 안다.
> 식사를 하고, 창문을 열고, 무심히 산책하는 동안
> 어디에 어떻게 고난이 잉태되는지 정확히 알았다.
> ─「Musee des Beaux Arts」(1939), W. H. 오든

이 시에서 작가가 무슨 말을 하려는지 알 수 있는 사람은 없을 것이다. 왜냐하면 이 글은 20줄이 넘는 꽤 긴 시의 가장 첫머리만 따온 것이기 때문이다. 하지만 이 짤막한 5줄만으로도 글이 거짓인지 진실인지 판단할 수 있다.

'무슨 말인지는 몰라도 이 사람은 지금 거짓말을 하고 있는

것이 아니다'라는 직감은 글의 무심한 태도에서 나온다. 작가는 고난에 관한 이야기를 하고 있다. 고대의 장인들이 느낀 고난에 대해 이야기를 하려는 것으로 보인다. 그것이 무엇이든 간에, 작가는 자기 말을 들어 줄 사람이 안중에 없다. 변명이나 과시를 하지 않는다는 것은 다른 사람의 눈치를 보지 않는다는 걸 의미한다.

'나는 당신에게 이야기하고 있지만, 당신의 눈치를 보지도, 당신을 가르치지도 않겠다.' 이런 태도는 글이 거짓이 아닌 진심을 말할 것이란 사실을 알려 준다. 다시 강조하지만 진심을 말하는 사람은 공감을 구걸하지 않는다. '나는 내 진심을 말했을 뿐이다. 너희들의 반응에는 관심이 없다.' 사람은 진심일수록 이런 자세에 가까워진다. 이 시는 그런 자세로 글을 시작하고 있다.

이 시를 쓴 W.H 오든은 전시회에서 오래된 그림을 하나 보았다. 누군가 바다에 빠져 죽어 가는 그림이었다. 그러나 세상은 바다에 빠진 사람에 관심이 없었다. 배는 유유히 순항하고, 언덕 위의 농부는 땀 흘려 밭을 갈고 있었다. 날씨는 화창했으며, 바다는 파도 한 점 없이 잔잔했다. 이 그림을 보고 작가는 뼈에 사무치는 감정을 느꼈다. 그리고 그 감정에 「고난」이라는 제목을 지었다. 세상이 무심할수록 절박해 보이는 고난의 풍경에 북받쳐 작가는 시를 남겼다. 그래서 글이 이렇다 —담담하지만 절박한.

거짓된 글 vs. 진실된 글 ⑤

이제 난해한 글을 구분하는 것은 어렵지 않을 것이다. 이 유형의 글의 특징은 어려운 단어와 알쏭달쏭한 표현으로 초연한 척하는 것이다. 이렇게 뭔가 있어 보이기 위한 글은 단어만 읽히고 글의 내용은 하나도 읽히지가 않는다. 당연하게도, 글쓴이가 애당초 하고 싶은 말이 없었기 때문이다. '난해한 표현, 이해할 수 없는 문장 때문에 뭔가 있어 보인다, 뭔가 있어 보이니 진실된 글이다'라고 착각을 한다면 당신은 앞으로도 계속 거짓에 속을 수밖에 없다.

> 배가 위대한 영웅의 동상처럼 도도히 거대하자,
> 어둠 저편 고요한 바다 위 빙산도 따라 거대했다.
> 둘은 그토록 이질적이라
> 그 어떤 필멸의 존재도
> 이 둘이 살갑게 몸을 뒤섞어
> 역사 속 재앙의 상징이 될지 몰랐다.
> ―「The Convergence of Twain」(1912), 토머스 하디*

이 시 역시 난해하다. 단어만 읽히고 글은 읽히지 않는 사

---

* 토머스 하디: (1840-1928) 영국의 소설가이자 시인.

람도 있을 것이다. 하지만 이 글은 거짓이 아니라 진심이다.

 이 시에선 작가의 심정을 감지하기 어렵다. 이 시가 '타이타닉 호의 비극'을 이야기하고 있다는 사전 지식을 알아야 작가의 의도를 알아차릴 수 있기 때문이다. 사전 지식 없이 이 시를 접한다면 대체 어떻게 이해를 해야 할까?

 이 시가 무슨 말을 하는지 알 수 없을지라도, 독자는 이 시가 작가의 진심을 말하고 있다는 사실을 알 수 있어야 한다. 왜냐하면 이 시는 한 가지 이야기에 집중하고 있기 때문이다.

 과시를 위한 글은, 앞서 본 바와 같이, 표현에 집중한다. 반면, 이렇게 정말로 뭔가 할 얘기가 있는 글은 스토리에 집중한다. 「Musee des Beaux Arts」(미술관에서)를 쓴 W.H 오든이 그랬던 것처럼, 토머스 하디도 표현법을 늘어놓는 것이 아니라 어떤 이야기를 해 주었다. 그리고 그 이야기는 담담하고 무심하다. 하지만 그 아래로 작가의 격정이 출렁인다.

 시인은 타이타닉의 침몰 소식을 듣고 생각했다. 대체 가도 가도 끝이 없는 그 넓은 망망대해에서 어떻게 그 둘―배와 빙산이 만났을까. 작가는 둘의 만남이 극적이라고 생각했다. 소울메이트 러브스토리 같았다―결말이 비극인.

 작가는 자기가 느낀 감정을 글로 쓰기로 했다. 느낀 것은 많았지만 과시하고 싶지 않았다. 그 둘의 이야기에 자신의 감정을 이입했기 때문이었다. 작가는 드라마와 같은 그 둘의 만 남에 몰두했고, 글은 처음부터 끝까지 어떤 이야기의 결말을 향해 달렸다.

거짓된 글 vs. 진실된 글 ⑥

> 나는 소망합니다
> 한 사람의 죽음을 볼 때 내가 더욱 작아질 수 있기를
> 그러나 나 자신의 죽음이 두려워
> 삶의 기쁨이 작아지는 일이 없기를.
>
> ―「나는 소망합니다」(1969), 헨리 나우웬

이 글이 거짓말로 보이진 않는다. 독백을 시의 형태를 빌려 쓴 것처럼 보인다. 분명 자기가 하고 싶은 말을 하고 있는 것으로 보인다. 하지만 이 글은 자기 자신을 위해서 쓴 글이 아니다. 자기 다짐처럼 보이지만 사실은 다른 사람들 보라고 쓴 기도문, 묵상용 글이다. 작가의 절박이나 감정이 느껴지지 않는 이유다. 명백히 다른 사람에게 잘 보이려고 썼기 때문이다. 그래서 글이 이렇게 '예쁘다.' 글을 처음부터 예쁘고 단정하게 쓰려고 노력했다. 그래서 하고 싶은 말보다 표현법이 더 두드러지게 느껴진다.

서정주 시인은 시를 '예쁘게' 쓸 줄 알았다. 그의 시는 유행가 가사처럼 온 국민이 입에 달고 다닐 정도로 예쁘고 아름다운 표현으로 가득했다. 하지만 그의 시는 거짓말을 하지 않았다. 표현은 단정하고 아름다웠으나 사람들은 시인의 진심을 먼저 알았다. 애당초 진심에 겨워 시를 썼기 때문이다. 진심이 절박해 시를 썼으니 표현이 화려해도 저울은 언제나 진심 쪽으로 기울었다.

  서정주의 시 「자화상」은 헨리 나우엔의 글과 마찬가지로 '다짐'하는 글이다. 하지만 이야기를 하는 대상은 남이 아니라 나다. 시인은 표현을 아름답게 하기 위해 글을 수없이 다듬었으나 만족을 할 사람은 남이 아닌 나였다.

  남이 공감을 하건 말건, 남이 좋아하건 말건, 시인은 나를 위한 글을 썼다. 글은 작가의 의도대로 드러났다. 글에 공감을 하건 말건, 글을 좋아하건 말건, 이 시를 읽는 사람은 작가의 마음을 접한다. 그리고 직감으로 느낀다. 이 사람은 거짓말을 하지 않았다고.

거짓의 패턴 ③

인간

남허생은 변 씨를 대하여 길게 읍(揖)하고 말했다.
"내가 집이 가난해서 무얼 좀 해 보려고 하니, 만 냥(兩)을 뀌어주시기 바랍니다."
변 씨는
"그러시오."
하고 당장 만 냥을 내주었다. 허생은 감사하다는 인사도 없이 가 버렸다. 변 씨의 자제와 손들이 허생을 보니 거지였다. 실 띠의 술이 빠져 너덜너덜하고, 갖신의 뒷굽이 자빠졌으며, 쭈그러진 갓에 허름한 도포를 걸치고, 코에서 맑은 콧물이 흘렀다. 허생이 나가자, 모두들 어리둥절해서 물었다.

"저이를 아시나요?"

"모르지."

"아니, 이제 하루 아침에, 평생 누군지도 알지 못하는 사람에게 만 냥을 그냥 내던져 버리고 성명도 묻지 않으시다니, 대체 무슨 영문인가요?"

변 씨가 말하는 것이었다.

"이건 너희들이 알 바 아니다. 대체로 남에게 무엇을 빌리러 오는 사람은 으레 자기 뜻을 대단히 선전하고, 신용을 자랑하면서도 비굴한 빛이 얼굴에 나타나고, 말을 중언부언하게 마련이다. 그런데 저 객은 형색은 허술하지만, 말이 간단하고, 눈을 오만하게 뜨며, 얼굴에 부끄러운 기색이 없는 것으로 보아, 재물이 없어도 스스로 만족할 수 있는 사람이다. 그 사람이 해 보겠다는 일이 작은 일이 아닐 것이매, 나 또한 그를 시험해 보려는 것이다. 안 주면 모르되, 이왕 만 냥을 주는 바에 성명은 물어 무엇을 하겠느냐?"

―허생전(1780 무렵*), 박지원

---

* 박지원이 단편소설 「허생전」을 지은 연대는 분명하지 않다. 박지원이 중국에 다녀온 것이 1780년(정조 4년)이고, 『열하일기』를 다시 기술한 것이 1793년이므로 그 사이에 쓴 것으로 보인다. 그러나 「진덕재야화」의 후지로 미루어 보면 1780년 이전의 4, 5년 사이에 쓰여졌을 가능성도 있다.

연암 박지원이 살았던 조선 시대는 인문학의 시대였다. 과학과 의학은 원시적 수준을 벗어나지 못했지만 인간에 대한 통찰은 동시대 다른 문화예술 선진국들을 압도했다. 박지원의 허생전은 그런 학문적 배경에서 탄생한 소설이다. 특히 저 구절, 변 씨가 말한 '거짓말쟁이 구분법'은 어쩌면 이 책의 내용을 거의 다 함축하고 있다 해도 과언이 아닐 정도로 정확하다.

사람은 살아온 세월이 길수록 사람에 대한 통찰이 깊어진다. 그래서 사람은 나이가 들수록 사람에 대한 판단이 '유보적'이 된다. 나이가 지긋할수록 모두가 아니라고 손가락질을 하는 사람을 한 번 더 돌아보고, 모두의 칭찬을 받는 사람을 한 번 더 의심한다. 인간의 겉모습이 아닌 본질에 집중하기 때문이다.

기업에서 면접을 오래 본 사람들은 지원자들의 적성뿐 아니라 거짓말을 포착하는 데 능한 경우가 많다. 비록 이들에게 "어떻게 구분하는 것이냐" 물으면 제대로 대답을 하지 못하겠지만, 어쨌든 이들은 본능적으로 젊은 지원자들의 거짓을 (어느 정도는) 가려낼 수 있다.

변 씨의 논리는 그런 본능의 일부다. 변 씨 같은 사람들이 가려내는 거짓말쟁이들은 대개 거짓말을 할 의도가 없는 사람들이다. 할 수 있다고 자신하지만 사실은 그럴 능력이 전혀 없는 경우가 대부분이다. 본인은 거짓말이 아니라고 항변하겠지만, 당하는 사람 입장에선 똑같이 악질적인 거짓말일 뿐이다.

그래서 지금껏 미술과 문학의 예를 들어 설명했다. 거짓말이 아니라고 부르짖을수록 더 거짓말인 경우가 있고, 신경 쓰지 않을수록 진실인 경우가 많다고 했다. 사람도 마찬가지다. 진실한 사람처럼 보이지만 거짓말을 할 수밖에 없는 사람이 있고, 믿을 수 없는 사람처럼 보이지만 진실된 사람이 있다. 이를 구분하는 건 어려운 일이 아니다. 미술과 문학에 관한 심미안이 갖춰졌다면 당연히 사람에 대해서도 거짓과 진실을 구분할 수 있다.

당신이 거짓된 그림이나 글을 보고 거부감을 느끼듯, 당신은 거짓말을 할 수밖에 없는 거짓말쟁이들로부터도 똑같이 거부감을 느껴야 한다. 자연이 당신에게 생존을 위해 부여한 능력은 무수히 많다. 그중에 "내게 해가 될 사람을 가려내는 육감肉感"은 밝은 눈이나 예민한 귀만큼 중요하다. 이제는 이 자연이 부여한 감각을 되찾아야 한다. 그동안 잘못된 사회화 교육 때문에, 매스 미디어에 의해 만연된 편견 때문에, 혹은 개인적 동정심과 자만심 때문에 이 생존의 감각이 죽거나 왜곡됐다는 사실을 깨닫는다. 지금부터 원래 자연이 부여한 당신의 생존 감각을 하나씩 되살려 보자. 당신의 인생에 해가 될 '가까이해선 안 될 거짓말쟁이들'의 특징들이다.

1. 주관 없음

 조선의 11대 왕 중종(1488-1544)은 평생을 눈치를 보며 살았다. 어린 시절에는 형 연산군의 폭정 아래 언제 목숨이 달아날까 전전긍긍했고, 반정 이후에는 공신들의 세력에 눌려 살았다. 그는 왕위에 오르자마자 반정 공신들의 강압에 조강지처 신 씨를 내쳐야 했으며, 왕좌에 앉아서는 대신들에게 "마땅한 말이로다, 내가 잘못했다, 내 부덕의 소치니라" 같은 말만 달고 살았다.

 자신의 뜻대로 할 수 있는 것이 하나도 없다는 무력감에 시달린 중종에겐 '정신적 지주'가 필요했다. 조광조(1482-1520)는 중종의 결핍을 채워 줄 적임자였다. 그는 '군자'였다. 높은 학문적 업적을 쌓았을 뿐 아니라, 사리분별에 능했고 합리적이었다. 하인들에게도 깍듯이 예의를 다했으며, 양민·천민 가리지 말고 인재를 등용해 국가를 이롭게 하고자 했다. 철통 같은 주관과 현란한 논리로 중종의 신임을 얻은 조광조는 순식간에 정국의 주도권을 가져왔고, 성리학 정치 이념의 챔피언이자, 새로운 국가 시스템을 건설할 혁명가가 되었다.

 하지만 중종은 조광조의 철학이나 이상에 관심이 없었다. 그는 자신을 무력감에서 구해 줄 조력자가 필요했던 것이지 새 시대를 열 혁명적 아이디어가 필요한 것이 아니었다. 중종은 애초에 훈구 세력에 의해 왕권이 농락당할 때처럼, 조광조의 신진사대부 세력에게도 똑같은 두려움을 느꼈다.

그래서 중종은 그들을 제거하기로 했다. 애당초 조광조를 제거하고자 했던 훈구 세력의 수뇌였던 남곤마저도 아까운 인재이니 조광조만큼은 죽이지 말자고 했으나, 중종은 홀로 고집을 부려 끝내 조광조를 죽였다.

조광조와 신진사대부의 목숨을 앗아간 기묘사화는 흔히 조광조를 못마땅하게 여긴 정적의 모략에 의해 기획된 것으로 알려져 있다. 하지만 그들을 키워 준 중종의 변심에 의해 일어난 사건으로도 볼 수 있다. 중종은 애당초 아무도, 아무것도 믿지 못하는 사람이었고, 자기 주관이 없었기 때문이다.

우리는 주관 없이 남의 말만 따라 하는 사람에게 매력을 느끼지 못한다. 그런 사람이 하는 말은 신뢰하기 어렵다고 생각한다. 왜냐하면 생각이 없어 보이기 때문이다. 자기 생각이 없는 사람은 결국 거짓말을 하게 된다. 옳고 그름을 판단하는 능력이 떨어지기 때문이다.

중종은 처음 조광조를 보았을 때 그에게 열광했다. 중종은 그를 처음부터 지나치게 신뢰했고, 그에게 과도한 권력을 부여했다. 그 뒤로 중종은 "조광조의 말이 옳다, 조광조의 판단대로 하라, 그에게 맡기도록 하라" 등의 말을 입에 달고 살았다. 그리고 결정적일 때 그를 배신하고 죽였다.

이는 주관 없는 거짓말쟁이들의 전형적인 행동 패턴이다.

주관이 없으니 처음부터 오버액션을 할 수밖에 없다. 자기 생각이 없는 사람일수록 처음부터 과도하게 열성적이다. 다른 사람의 말을 자신의 생각에 맞춰 가며 이해하고 받아들이는 것이 아니라, 광신도처럼 몰입했다가, 어느 날 갑자기 냉담자가 돼 버린다.

같은 시기 영의정을 지냈던 정광필은 그 반대였다. 그는 모두가 권력자의 눈치를 보며 그렇다고 말할 때, 홀로 아니라고 직언하는 사람이었다. 그는 임금이 조광조에게 과도하게 의존하자 이를 강력히 비판했다. 그리고 과도한 권력을 얻은 조광조를 지속적으로 견제하고 반대했다. 하지만 조광조가 몰락하고 부당한 이유로 처형의 위기에 몰리자 자신의 목숨을 걸고 그를 변호했다.

조선의 22대 왕 정조(1752-180)의 사례도 중종 같은 거짓말쟁이들과 확연히 구분된다. 정조는 자신이 직접 발탁한 인재에 대해 대단히 비판적인 자세를 취했다. 그들의 말이면 무조건 옳다는 것이 아니라 자신이 아는 것과 맞춰 보고 아니다 싶으면 누구보다 더 가혹한 반응을 보였다. 하지만 결정적 순간에는 지지했다.

정조 시대의 대표적 인재였던 정약용은 정조의 끈끈한 신뢰 속에 수원성을 지었고, 실학을 집대성했으며, 국가 시스템 개정에 이바지했다. 정약용은 정적들의 모략과 천주교 신자였던 이력으로 수차례 몰락의 위기를 맞았지만 정조의 적극적인 옹호로 살아남을 수 있었다.

사실을 말하자면, 자기 생각이 없는 사람이 가장 위험한 거짓말쟁이다. 스스로 생각할 줄 모르기 때문에, 스스로에 대한 믿음이 없기에 너무도 쉽게 변심을 한다. 다른 사람의 주장에 쉽게 휩쓸리는 것은 물론이며, 자신이 철석같이 믿던 사람도 금방 의심한다.

정신이 건강하지 못하기 때문이다. 지식이 얕고, 지능이 뒤떨어지며, 주관이 없는 탓에 쉽게 두려움을 느낀다. 그래서 진실한 사람을 믿지 못하고, 거짓말쟁이들에게 간단히 속는다. 그리고 결국 자기 자신이 거짓말쟁이가 된다.

"착한 사람이 가장 먼저 배신한다"는 말은 이런 데서 근거를 찾는다. 당신은 주관이 없는 사람이 답답하지만 착하다고 생각한다. 가까이 지내는 것도 괜찮다고 생각한다. 착한 사람이니까 언젠가 내게 도움이 될 것이라고 막연한 기대도 한다. 그러나 결과는 언제나 그 반대다. 자기 생각을 할 줄 모르는 사람은 스스로의 나약함에 두려움을 느끼고 결국 거짓말을 한다. 그리고 그 거짓말의 대가는, 그를 친구로 알고 지냈던, 당신이 치른다.

다음은 반드시 경계해야 할 '주관 없는 거짓말쟁이'들의 주요한 특징들이다.

주관 없는 거짓말쟁이 특징

1) 처음부터 과도하게 열성적

여러 사람이 모인 자리에서 누가 가장 거짓말쟁이인지 구분하는 방법은 간단하다. 당신의 주장이나 아이디어에 대해 근거 없이 지나치게 열광하는 사람이 바로 가장 심한 거짓말쟁이다.

인생은 아이러니의 연속이다. 거짓말에 관해선 더욱 그렇다. 당신을 가장 극진히 지지해 줄 것 같은 사람이 사실은 가장 먼저 당신에게 등을 돌린다. 당신 앞에서, 별다른 근거 없이, 100%, 확신에 찬, 열성적 지지 의사를 보이는 사람은 '주관이 약한 사람'이라고 간주해야 한다. 이 사람은 주관이 약하기에, 아는 것이 충분치 않기에, 쉽게 흥분하고 금방 감정적이 되기에 지금 이렇게 불필요한 오버액션을 하는 것이며, 그렇기 때문에 쉽게 생각이 바뀌고, 금세 부화뇌동하며, 의도치 않게 거짓말을 할 것이라 판단해야 한다.

당신은 조광조의 죽음을 기억해야 한다. 중종이 처음에 얼마나 조광조에게 열광했는지, 얼마나 그를 감싸고 그에게 매달렸는지, 그러다 어느 날 갑자기, 얼마나 어이없이 그를 죽였는지 기억해야 한다.

다시 말하지만, 주관 없음은 정신적 나약함을 의미한다. 쉽게 흔들리고 쉽게 두려움을 느낀다. 쉽게 열광했다 쉽게 식는다. 쉽게 믿었다가 쉽게 불신한다. 날 때부터 거짓말을 할 수밖에 없는—태생적 거짓말쟁이의 근본적 특징이다.

2) 불필요한 걸 물고 늘어짐

'중요한 것에 집중하지 못하는 것'은 주관 없는 거짓말쟁이의 또 다른 중요한 특징이다. 자기 생각이 없고 정신이 건강하지 못한 사람일수록 중요하지 않은 것에 자꾸 신경을 쓴다. 그리고 이런 행동 패턴은 필연적으로 다른 사람과의 약속을 저버리는 결과를 빚는다.

사람이 약속을 지키고 자기 말에 책임을 지려면, 첫째, 심지가 굳어야 하고, 둘째, 목적에 집중을 해야 한다. "두 다리가 튼튼해야 축구를 잘한다"는 명제만큼이나 당연한 말이지만, 사람들은 흔히 두 번째 요소를 간과한다. 필요한 것에 집중하지 못하고 불필요한 것에 매달리면 해야 할 일을 하지 못한다. 그래서 결국 자기가 한 말을 어긴다.

쓸데없는 것에 집중하는 것은 거짓말쟁이들의 중요한 특징 중 하나다. 아는 것도 없고 생각도 없으니 줄기를 보지 못하고 가지만 본다. 어떤 것이 진짜 문제인지 알지 못하고 변죽만 울리다 결국 엉뚱한 길로 빠져 버리거나 원래의 약속을 잊어버린다.

중종이 특히 그런 경우였는데, 그는 평생 궁궐 의례의 규칙·절차에 사사건건 트집 잡고 이래라 저래라 간섭을 하며 세월을 보냈다. 심지어 궁내 건설 현장에 나타나 별것도 아닌 것에 히스테리 환자처럼 잔소리를 해대다가 정 마음에 들지 않으면 애꿎은 담당자를 처벌하기도 했다.

3) 눈치 봄

'다른 사람 눈치 보기'가 거짓말로 이어진다는 사실은 이미 미술과 문학의 사례를 통해 충분히 설명했다. 눈치 보는 사람은 미술이나 문학 작품보다 훨씬 구분하기 쉽다는 사실도 익히 잘 알고 있을 것이다.

눈치 보는 걸 흔히 '착한 성품'으로 잘못 인식한다. 다른 사람의 눈치를 보는 건 그 사람이 주관이 없고 정신이 나약하다는 증거일 뿐이다. 다른 사람에게 신경을 쓸수록 자신의 앞가림을 못 하는 것은 물론 약속을 지킬 확률도 낮아진다.

다른 사람 눈치를 심하게 보는 습성은 어떤 경우라도 '위험 신호'로 받아들여야 한다. 다른 사람 눈치를 보는 것은 지금 현재 이 사람이 거짓말을 하고 있다는 가장 명백한 증거다. 지금 현재 거짓말을 하지 않고 있다면 이 사람은 선천적으로, 혹은 성장 환경에 의해 거짓말할 기질을 가졌을 가능성도 매우 높다. 그 정도로 과도한 눈치 보기는 거짓말과 밀접하게 연관돼 있으며, 주관 없음이나 무능을 떠나, 가까운 사람들에게 (의도치 않게) 해를 끼칠 가능성도 염두에 두어야 한다.

조선의 역사를 통틀어, 눈치 보는 습성이 극에 달했던 임금일수록 사람을 쉽게 배신했고, 악질적으로 나라를 망쳤다. 이른바 '눈치 보기의 일인자'였던 중종은 자신이 가장 신임했던 대신들을 모두 다 배신했다. 조광조, 심정, 이행, 김안로까지, 중종이 권력의 핵심에 앉혔던 사람들은 모두 예외 없이 (중종의 손에 의해) 죽었다. 중종이 일으킨 사화에 의해 (무고하게) 희생된 사람의 수는 연산군이 죽인 사람의 수보다 많을 지경이었다.

중종은 평생 학문과 경연에 힘쓰고 백성의 삶을 걱정하며 겸손하게 몸을 낮춘 '착한' 임금이었다. 그러나 정작 국가 재정은 (중종의 방임하에) 온갖 비리와 낭비로 파탄에 이르렀으며, 백성들의 삶은 연산군 때보다 더 피폐했다.

2. 과도한 사교성

1983년 방영된 TV 프로그램 중 최고의 시청률을 기록한 것은 KBS 생방송 〈유리 겔라의 초능력 쇼〉였다. 이른바, "세계 최고의 초능력자"라고 불리던 유리 겔라의 주특기는 TV 생방송 중에 초능력을 시연하는 것이었다. 숟가락을 구부리고, 컵을 공중 부양시키고, 방청객이 고른 카드를 맞히는 것도 모자라, TV를 시청하고 있는 사람들 집에 있는 고장 난 시계를 고치기도 했다. 워낙 대담한 사기였던 까닭에 안 믿는 사람이 드물었고, 어떤 초등학교 아이들은 아파트 옥상에서 하늘을 나는 초능력을 시도해 보려다 죽기도 했다.

당시 KBS 관계자들은 그러나 유리 겔라가 미국에선 '공인된 사기꾼'이라는 사실을 몰랐거나, 혹은 알면서 무시했다. 유리 겔라의 사기 행각은 70년대 이미 절정에 달했다. 1976년에는 미국 최고의 인기 토크 쇼인 NBC 쟈니 카슨 쇼 (현재 The Tonight Show)에 출연을 했는데, 여기서 전직 마술사였던 쟈니 카슨에게 철저하게 공개 망신을 당했다. 유리 겔라의 속임수를 미리 알아차린 쟈니 카슨 앞에서 유리 겔라는 준비한 사기극 초능력을 단 하나도 성공시키지 못했다. (참고 참조)

초능력 시범이 실패하자 유리 겔라는 시종일관 같은 변명을 늘어 놓았다. 쟈니 카슨 당신이 의심을 해서 집중을 할 수 없다고. 그는 집중을 하겠다며 중간에 방송을 끊고 나갔다 오기도 했으나 여전히 그의 초능력은 한 번도 발휘되지 못했다. 그러면서 계속 같은 변명을 늘어 놓았다. 당신이 나를 믿지 못하니까 내가 못하는 것이라고.

"네가 나를 믿지 못하기 때문이다." 이는 유리 겔라 유형 거짓말쟁이들의 전형적 변명이다. 거짓말을 하기 때문에 타인의 반응에 기댈 수밖에 없다. 불안하기 때문이다. 사람은 진심일수록 상대가 나를 믿든 말든 개의치 않는다. 불안하지 않기 때문이다. 이는 앞서 문학의 거짓말에서 충분히 설명했다.

유리 겔라 유형은 앞서 설명한 '주관 없는 보신주의자保身主義者' 유형과 정반대의 행동 패턴을 보인다. 이들은 누구보다 주관이 강하고 뻔뻔하다. 눈치도 거의 보지 않는다. 주관 없는 보신주의자 유형은 매번 닥치는 상황을 모면하기 위해 거짓말을 하는 반면, 유리 겔라 유형은 입신출세를 위해 적극적으로 거짓말을 하기 때문이다.

이런 유형은 직관적인 구분이 어렵다. 주관이 없는 사람은 '왠지 약해 보인다'는 이유로 본능적인 회피가 가능한데, 이런 유형은 '강해 보이기' 때문에 많은 사람들이 매력을 느낀다. 유리 겔라가 TV에서, 언론에서, 그리고 심지어 법정에서 사기꾼임이 공개적으로 증명됐음에도 여전히 그를 추종하는 사람들이 존재하며 아직도 막대한 돈을 벌고 있는 까닭은 여기에 있다.

이런 유형의 거짓말쟁이들을 영미문화권에서는 '신뢰형 사기꾼(confidence artist, con artist, con-man)'이라고 부른다. 우리가 알고 있는 역사적 사기꾼들은 대부분 이 유형에 속한다. 신정아, 김찬경, 주수도 등 나라를 발칵 뒤집었던 사기꾼들은 모두 이런 사람들이었다. 이들은 모두 예외 없이 매력적이었다. 사교적이고, 인간적이었으며, 그리고 믿을 수 없을 정도로 뻔뻔했다.

　사실, 거짓말을 하려면 적극적으로 뻔뻔하게 해야 살아남는다. 아무리 의도된 거짓말이라도 진심과 열의를 담아서 과감하게 해 버리면 나중에 발각되고 난 뒤에도 여전히 믿는 사람이 생긴다. "그 사람은 절대 거짓말을 할 사람이 아니다"라고 감싸 주는 사람도 생긴다.

　실제로 신정아의 경우 유죄를 인정받고 징역살이를 했음에도 아직도 미디어의 관심을 받는 유명인사다. 신정아를 실제로 만나 본 사람들은 모두 예외 없이 그녀를 괜찮은 사람, 매력적인 여자로 묘사한다. 심지어 그녀가 (예상과 달리) "솔직하다"고 평을 하는 경우도 있었다.

　인생은 아이러니의 연속이라고 했다. 거짓말의 경우에는 더욱 그러하다 했다. 거짓말은 극단적으로 강할수록 사람들에게 진실로 느껴진다. 물론 그 거짓말을 믿은 사람은 적지 않은 금전적 피해를 보거나, (TV쇼의 거짓말을 믿은 초등학생들의 경우처럼) 인생을 망치게 된다.

　유리 겔라와 같은 신뢰형 사기꾼들의 특징은 다음과 같다.

사교적 거짓말쟁이 특징

1) 기형적 사교성

유리 겔라 유형 거짓말쟁이들을 생존케 하는 가장 중요한 무기는 사교성이다. 그냥 일반적인 사교성이 아니라 보통 사람은 도저히 상상도 할 수 없을 정도로 뻔뻔한 사교성이다.

유리 겔라는 사람 만나는 걸 좋아했다. 그는 늘 사람들 관심의 중심에 서길 원했다. 그는 언제나 타인에게 '좋은 사람'이었으며, 사기꾼 낙인이 찍힌 뒤에도 단 한 점 부끄러움도 없이 사람들 앞에 당당했다. 자신의 초능력 쇼가 사기라고 비난받자, 오히려 그는 더 크고 대담한 사기극을 기획해 기존의 이미지를 불식시켰다.

신정아의 기형적 사교성은 그보다 한 수 위였다. 그는 금호미술관에 취업을 했을 때 미국 캔자스 대학 졸업이라고 거짓말을 했다가 발각돼 쫓겨 났는데, 그 뒤에는 아예 한 술 더 떠 예일대 졸업이라고 학력을 위조했다. 주변에서 "저 여자 사기꾼 같다"고 손가락질을 하는 동안 그는 당당히 예일대 출신 엘리트 행세를 하고 다니며 정치 경제계 최고 상류층들과 절친한 관계를 맺었다.

미래저축은행 사기극으로 징역을 살고 있는 김찬경은 이 분야의 전설 같은 존재였다. 그는 중학교 졸업 학력으로 서울대 법학과 복학생 행세를 했다. 단순히 "거기 학생"이라고 주장을 한 것이 아니라 실제로 서울대 법대를 다니며 모든 수업 및 학과 활동에 참여했다. 그는 여학생들과 미팅에도 나갔으며, 과대표도 맡고, 결혼할 때는 교수에게 주례까지 부탁했다. 김찬경의 초인적인 뻔뻔함과 능청스러움에 그를 의심하는 사람은 아무도 없었으며, 심지어 교수들도 당연히 이자가 자기네 학생인 줄 알았다. (주례 서 달라는 요청에도 응해 줬다.)

김찬경이 서울대 법대생이 아니라고 탄로가 난 것은 그의 졸업 뒤에 누군가 학적부를 뒤져 봤기 때문인데, 그제서야 이 인간이 사기꾼이라는 걸 동문 전체가 알게 됐으며, 이 놀라운 사건은 당시 신문 방송에도 대서특필되었다.

김찬경은 사기꾼으로 낙인 찍혀 서울대 법대 모임의 기피 인물이 된 뒤에도 동기들에게 꾸준히 연락을 하고 교수들에게 인사를 다녔으며 모임에도 참석했다. 뿐만 아니라 서울법대생을 사칭해 가정교사 과외를 맡아 짭짤한 수익까지 올렸다. (관련 기사: 가짜 서울대 법대생 행세했던 김찬경 미래저축 회장, 조선일보, 2012.05.06.)

말하자면, '자중하지 못하는 것'이다. 사람들에게 비난을 받으면 '이러다 큰일나겠다 조심해야지'라는 생각이 들어야 하는데, 이 유형의 사람들은 그 반대로 나간다. 움츠러들고 조심하는 것이 아니라, 더 과감해진다. 사업에 실패한 사람이 더 많은 돈을 빌려 더 크게 판을 벌이는 패턴과 같다.

어찌 보면 정신이 건강한 것이다. 훈련된 것이 아니라 타고난 까닭에 지극히 유쾌하고 자연스럽다. 그래서 사람들이 매력을 느낀다. 그래서 한 번 속은 뒤에 또 속는다. 이 사람은 진실로 좋은 사람이다, 거짓말을 할 사람이 아니다라고 믿는다.

잘못한 것이 없고 스스로 떳떳하기에 부끄러워하지 않는 것과는 다르다. 잘못이 있음에도 개의치 않는 것이다. 잘못을 반성하고 말고는 판단의 기준이 되지 못한다. 그런 것은 얼마든지 그럴 듯하게 연기할 수 있다. 그리고 뉘우치지 않는다고 무조건 사기꾼으로 몰아야 할 근거도 없다.

중요한 것은 극단적 사교성이다. 이런 유형은 사람을 가리지 않는다. 자신을 싫어하는 사람도, 자신에게 폐를 끼친 사람도, 심지어 자신이 폐를 끼친 사람도 친형제인 척 대한다. '사람 대하는 데 지나치게 허물이 없고 적극적이다' 누군가에게 이런 느낌이 든다면 반드시 경계해야 한다.

말하자면, 눈치 보기와 눈치 보지 않기의 양 극단이다. 눈치를 과도하게 보면 시선이 흔들리고 불안해진다. 해야 할 일을 하지 못하고 거짓말을 하게 된다. 반대로 눈치를 아예 보지 않으면 시야가 자기중심으로 한정된다. 다른 사람과의 약속을 무시하고 자신의 욕구대로 행동한다.

설사 거짓말의 의도가 없으며, 본질적으로 선한 사람이라고 하더라도 사교성이 극단적이면 언젠가 어쩔 수 없이 거짓말을 하게 된다. 여러 사람과 어울리다 보면 필연적으로 다양한 이해관계에 얽힐 수밖에 없다. 한 사람은 그 많은 이해관계를 모두 만족시킬 수 없다. 그래서 결국 누군가의 이해관계를 배신할 수밖에 없다.

2) '일'보다 '인간관계'가 중요함

어쩌면 '인간관계가 더 중요한 것'은 거짓말쟁이를 구분하는 가장 핵심적 요소일지 모른다. 현대그룹 정주영 회장은 사교성이 극도로 높았던 사람이었지만, 사기 전과는 없다. 그가 사업을 일으키기까지의 수많은 행동 패턴은 사기꾼들과 크게 다르지 않았다. 분명 그는 살아오면서 불가피하게 많은 거짓말을 했을 것이다. 하지만 그는 대신 많은 약속을 지켰다. 정주영은 스스로 저버린 사람보다 신뢰를 얻은 사람이 훨씬 많았다. 왜냐하면 그에겐 인간관계보다 일이 더 중요했기 때문이었다.

2014년 '만능 세포 사기극'을 벌였던 일본 이화학연구소의 오보카타 하루코는 일보다 인간관계가 더 중요한 사람이었다. 그는 학위를 따고 취업을 하는 과정에서 꽤 여러 명의 남자들에게 '인맥 로비'를 했다. 아무 업적도 없던 무명의 신출내기 과학자는 수많은 스캔들을 일으키며 30세에 이화학연구소 연구 주임 자리까지 올랐고, 그리고 세계를 깜짝 놀라게 한 '만능 줄기세포' 논문도 발표했다.

오보카타는 처음부터 연구보다는 '인간관계'에 더 관심이 많았던 사람이었다. 지도 교수와 친했고, 연구소 간부와 친했다. 그리고 언론과도 친했다. "아이돌 외모를 가진 천재 과학자"로 자신을 마케팅 한 오보카타는 연구실에서 밤을 샌 후에도 아침에는 반드시 풀 메이크업을 하고 나타났고, 자신의 연구실을 핑크색으로 꾸몄으며, 실험복 대신 자신의 할머니가 물려준 일본식 앞치마를 두르고 다녔다. 그리고 만능 세포 논문이 허위로 밝혀지자 기자 회견을 자청해 진한 눈물 연기를 선보이며 "나는 거짓말을 하지 않았다, 억울하다"고 항변했다. (관련 기사: 오보카타와 황우석, 서울신문, 2014.04.12.)

이때 오보카타의 기자 회견은 황우석 박사의 기자 회견과 흡사했다. 줄기세포 연구 논문이 허위로 밝혀진 뒤 황우석 박사는 자신의 연구를 도왔던 조교들을 "가족과 다름 없는 사람들"이라며 데리고 나와 함께 눈물 연기를 선보였다. 논리에 의한 반박이 아닌, 인정에 호소하는 모습은 거짓말쟁이들의 전형적인 모습이다. 일본과 한국에 존재하는 유별난 온정주의적 비합리성이다.

한국 사람들이 유독 사기에 잘 걸려드는 이유는 자명하다. 인간성, 의리, 사람 됨됨이에 많은 가치를 두고 있기 때문이다. 한국인들은 항상 '인간성'을 따진다. 자신과 함께 지낼 사람도 아닌데, 인간성에 의해 생산성이 높아지는 것도 아닌데, 무엇보다 먼저 '인간성'을 따진다.

이런 점을 파고드는 사람이 거짓말쟁이와 사기꾼이다. 앞서 설명한 바와 같이 가장 악질적인 사기꾼은 둘도 없는 호인이라고 했다. "저 사람은 좋은 사람이니 절대 사기를 치지 않겠지"라고 여겼던 사람들이 사실은 사기를 치기 가장 유리한 위치에 있다고 했다.

사기꾼이 가진 최고의 생존 기술은 상대에게 호감을 얻는 것이다. 초인적인 사교성을 가진 이들이 상대방에게 호감을 얻는 건 아주 쉬운 일이다. 그래서 많은 사람들이 이들의 '인간성'만 믿고 모든 걸 맡긴 뒤에 나락으로 굴러 떨어진다.

당신이 거짓말에 인생을 망치지 않으려면 상대가 일이 우선인지 인간관계가 우선인지 파악해야 한다. 오보카타가 거짓말쟁이가 아니었다면 먼저 연구 성과를 낸 뒤에 인간관계를 신경 썼을 것이다. 그리고 논문에 거짓이 발견됐다면, 눈물의 기자 회견을 하기 전에, 반박할 연구 기록과 증거(hard evidence)를 먼저 준비했을 것이다.

정주영 회장은 한국인들이 말하는 '인간성 좋은 사람' 정의에 들어맞는 사람이 아니었다. 그는 사교성은 높았지만 누구에게나 좋은 사람은 아니었다. 그는 일 잘하는 사람과 일 못하는 사람에 대한 차별이 심했고, 일에 도움되지 않는 사람에 대해선 무자비한 인격 모독도 주저하지 않았다.

빌 게이츠는 더 심했다. 그는 사교성조차 없어서 사람을 가렸다. 까다롭고 표독스러웠던 그는 평생 친했던 사람이 손에 꼽을 정도로 적었다. 자신보다 못한 사람, 무능한 사람에게 모욕 주기를 좋아했으며, 도움되지 않는 관계는 냉혹하게 정리해 버렸다. 하지만 그는 거짓말을 하지 않았다. 비록 제품이 불량하다고 욕을 먹는 일은 있었지만 거짓말쟁이라는 비난은 받지 않았다. 왜냐하면 그는 인간관계보다 일이 우선이었기 때문이었다.

거짓말쟁이에 속지 않으려면 인간성을 보지 않는 습관을 들여야 한다. 인간성을 보지 말고 일에 대한 태도를 봐야 한다. 인간관계가 뒷전이고 일이 우선인 사람일수록 거짓말을 할 가능성은 줄어든다. 반대로, 일이 뒷전이고 인간관계가 우선인 사람일수록 거짓말을 할 가능성은 커진다.

사기꾼의 가장 치명적 매력은 인간성이라는 사실을 잊어선 안 된다. '저렇게 성격 좋고 푸근한 사람이 거짓말을 할 리가 없다'고 생각을 하는 순간 당신은 아주 쉽게 거짓말의 희생자가 될 수 있다.

3. 인간미

'인간적 감성'에 호소하는 거짓말은 가장 무서운, 그리고 효과적인 거짓말이다. 지금까지 사기로 패가망신한 사람들의 절대다수는 이 유형의 거짓말에 당했다. 인간 감성에 호소하는 거짓말이 정말 무서운 까닭은 산전수전 다 겪은 사회 엘리트들도 당하기 때문이다.

그동안 도박 및 사기로 패가망신한 스포츠 스타와 연예인들이 모두 이 유형의 거짓말에 당했다. 김용만이나 신정환처럼 호기심으로 시작했다 망한 도박 연예인들도 실제로는 대부분 연예인의 돈을 노린 브로커의 거짓말에 당한 사례다. 하일성처럼 큰돈을 투자했다가 알거지가 된 이들 역시 인간적으로 접근했던 사기꾼에게 당한 사례다. 강동희, 박현준 같은 승부 조작 사기로 범법자가 된 유명인들은 수억대 연봉을 받던 스포츠 스타였는데 고작 수백만 원짜리 승부 조작에 끼어들었다가 인생을 망쳤다. 이들은 자신의 개인적 이익이 아니라 사기꾼의 이익을 위해 자신의 인생을 팔아 넘겼다. 강동희, 박현준 모두 돈이 궁하지도 않았고, 바보도 아니었고, 범죄 성향도 없었다. 단지, "형님/아우님 제발 이번 한 번만 도와주세요"라고 간절하게 읍소 하는 사기꾼의 '인간적인 정'에 이끌려 자멸했다. (관련 기사: 강동희 "술자리서 지인이 승부조작 제의", 조선일보, 2016.08.26.)

유명인들은 대부분 치밀한 계획을 세운 사기 조직에 당한다. 일반인들은 이런 사기 조직들의 수법을 그대로 따라 한 개인 사기꾼에게 당한다. 일반인들이 당하는 사례가 당연히도 훨씬 더 많다. 일반인이기 때문에 뉴스에 나지 않을 뿐이다.

인간은 자신과 가까운 사람의 말을 믿는다. 뉴스에 등장하는 하버드 박사 학위 소지자의 말보다 고등학교도 못 나온 동년배의 말을 더 철석같이 믿는 것이 인간의 심리다. 이는 인간 종족이 진화시켜 온 생존 심리다. 인간은 사회적 동물이다. 수백만 년 간 군집 생활을 하며 다른 군집과의 경쟁으로 생존해 왔다. 그래서 나와 다른 집단의 인간에게 배타적이고, 심리적으로 멀게 느끼는 사람들을 불신한다. 반대로 나와 같은 집단의, 나와 가까운 인간들에게는 단순 친밀감을 넘어 강한 신뢰감을 느낀다.

사기꾼들은 이런 인간의 '태곳적 심리'를 이용한다. 내가 너와 같은 편이라는 사실을 강조하고 인간적인 친밀감을 극대화 한다. 인간적인 친밀감은 그 어떤 빈틈없는 논리보다 설득력이 강하다. 아무리 논리상 말이 되지 않는 주장을 해도, 그 주장을 나와 심리적으로 가까운 사람이 하면 나도 모르게 설득된다. 이는 지능의 문제가 아니라 인간 종족의 문제다.

따라서 이런 거짓말에는 특별한 주의가 필요하다. 마음만 먹어선 안 된다. 기억만 해서도 안 된다. 평소에 훈련을 하고 살아야 한다. 사기꾼들은 인간적 친밀감을 높이기 위해 다음의 방법을 쓰는데, 이 패턴을 미리 알고 있어야 한다.

인간미 거짓말쟁이 특징

1) 가까운 사람인 척

가장 흔한 방법은 학연 지연으로 엮는 것이다. 같은 학교를 나왔다든가, 같은 지역 출신이라든가, 이런 고전적 접근법은 이미 수많은 곳에서 마르고 닳도록 소개됐기 때문에 특별히 설명이 필요 없다. 다만, 이런 수작을 거는 이유가 인간적인 친밀감을 형성하기 위함이라는 사실을 명심해야 한다. 사기꾼은 어떤 식으로든 당신과의 연결 고리를 찾는다. 그래야 '같은 집단'이라는 유대감이 생기기 때문이다.

나와 절친한 사람이 소개해 준 '한 다리 건너 아는 사람'은 더더욱 조심해야 한다. 사기꾼들은 낯선 이에 대한 경계심을 허물기 위해 지인을 이용한다. 당신이 아무리 그 지인을 '절대 그럴 리 없는 사람'이라고 믿어도 상관없다. 사기꾼들은 '정말 믿을 만한 지인'이라는 맹점을 파고 든다. 정말 믿을 만한 지인일수록 경계심을 쉽게 놓기 때문이다. 그리고 그 지인도 그 사기꾼의 의도를 모르고 있을 가능성이 높기 때문이다.

2) 착한 사람인 척

 단순히 학연 지연 인연만 갖고는 충분한 심리적 접근성을 확보하기 어렵다. 거짓말을 믿게 하기 위한 가장 중요한 밑밥은 "나는 위험한 사람이 아니"라는 확신을 심어 주는 것이다. 바로 "착하고 순한 사람"으로 보이는 것이다. 사기꾼들의 최우선 임무는 상대의 경계심을 허무는 것이다. 그래서 사기꾼은 사람들 앞에서 착한 척, 순한 척, 만만한 척한다. 사기꾼처럼 특수한 목적으로 거짓말을 하는 사람들은 그래서 모든 사람들로부터 똑같은 말을 듣는다. "그 사람 좋은 사람이야." 강동희도 박현준과 하일성도 모두 "그 사람은 좋은 사람이니까" 범죄를 도와주고 막대한 돈을 투자해 주었다. 위에 링크 걸어 놓은 강동희의 증언을 다시 보자. "너무 친절한 사람을 믿었기에" 자신의 인생을 망쳤다고 했다. 다른 사람들로부터 "좋은 사람"이라는 평가를 받는 낯선 이를 경계해야 한다. 내가 보기에도 "좋은 사람"이라는 느낌이 드는 바로 그 사람을 경계해야 한다. 이 사람이 당신에게 지나치게 살갑게 접근할 경우, 그리고 돈과 관련한 이야기를 꺼낼 경우, 이 사람은 100% 당신 인생을 지옥으로 몰아넣을 사기꾼이다.

 전국적인 '광역 사기'를 의도한 사기꾼 역시 같은 단계를 밟는다. 기부, 사회 봉사, 선의의 투자 같은 '착한 일'이 목적이라는 사실을 대대적으로 홍보한다. 무지한 사람들은 이것이 사람들의 경계심을 허물고 심리적 접근성을 높이기 위한 '사전 작업'이라는 사실을 모른다. 그래서 "이 사람은 좋은 사람이야"라고 결론 내리고 그 사람을 따르기 시작한다. 원리가 같으면 결과도 같다. 무지한 이들은 본인이 사기를 당한다는 사실도 모른 채 "좋은 사람이니까" 혹은 "그럴 사람이 아니니까"라는 첫 인상을, 패가망신할 때까지, 오래 간직한다.

"11. 착한 일에 집착"에서 이미 설명한 내용이다. 정말로 좋은 일을 하고 싶은 사람은 아무도 모르게 한다. 좋은 일 한다는 걸 '홍보'하는 것은 의심할 여지 없이 '다른 꿍꿍이'가 있다는 사실을 뜻한다.

3) 도와주는 사람인 척

착한 사람, 좋은 사람의 연장선이다. 착한 사람이 되는 최선의 방법은 다른 사람을 도와주는 것이다. 다른 사람을 선의로 돕거나, 그런 의도를 내비치는 것은 거의 모든 경우 '졸지에 착한 사람'이 되는 가장 효과적인 방법이다. 그래서 사기꾼들은 이 방법을 가장 즐겨 사용한다. 나와 어떤 이해관계가 없음에도, 나를 도움으로써 얻을 이득이 전혀 없음에도, 조건 없이 나를 돕는 행동을 한다. 이 경우 당신은 반드시 경계 태세를 갖춰야 한다. 특히 이것이, 어쩌다 한 번에 그치는 것이 아니라, 지속될 경우 당신은 이 사람에 대해 비상 경고등을

켜야 한다.

문제는 내가 도움을 받아야 할 상황에 처했을 경우다. 내가 절박한 상황에 놓여 있을 때 나를 도와주는 사람이 있으면 당신은 그 사람을 가족보다 더 신뢰하게 된다. 사기꾼들은 언제나 인간의 '태곳적 심리'를 노린다고 했다. 현대 사기꾼들은 수백만 년 종족의 진화와 함께한 기생충과 비슷하다. 내가 절박한 때일수록 낯선 사람의 도움을 두려워해야 한다. 당신이 어려운 지경에 놓일수록 사기꾼이 들끓을 수밖에 없다. 당신의 면역력이 약해지면 더 많은 기생충의 공격을 받는 것과 같다.

여행 가서 길을 잃었을 때, 새로운 나라에 처음 발을 디뎠을 때, 관공서, 공항 같은 곳에서 어려운 일을 겪을 때, 이럴 때 제일 먼저 나타나 도움을 주는 사람이 사기꾼일 가능성이 높다는 사실을 잊어서는 안 된다. 내가 어려울 때, 힘들 때, 울고 싶을 때 아무 기대나 대가 없이 도움을 주는 사람을 믿고 따르다가 당신은 영혼까지 잃을 수 있다. 필요한 도움이면 한 번만 받고 말면 된다. 도움 한 번에 보상 한 번으로 끝이다. 이후 계속 도움받는 관계가 지속되면 당신은 헤어나기 어려운 함정에 빠질 수 있다.

4) 불쌍한 사람인 척

3번의 역발상이다. 사기꾼은 도와주는 사람만 되는 것이 아니라 도움을 받아야 하는 사람이 되기도 한다. 『매력이란 무엇인가』 "매력 필살기"에서 설명한 내용 그대로다. 동정심 자극은 "착한 사람 연기"보다 더 강력한 심리 효과를 얻을 수 있다. 왜냐하면 경계심이 깨끗하게 사라지기 때문이다. 아무도 물에 빠져 죽기 직전의 사람에게 두려움을 느끼지 않는다. 아무도 다리가 부러져 눈물을 흘리는 사람에게 경계심을 갖지 않는다. 동정심의 발동은 완전한 무장 해제를 뜻한다. '인간적 접근'의 최종 진화형이다. 사기꾼은 언제나 인간의 태곳적 심리를 이용한다.

동정심 자극은 꽃뱀 사기꾼의 전유물이 아니다. 차비 없는 할머니, 길 잃은 아이, 배고픈 장애인, 이역만리 아프리카 대륙의 기아 난민 등, '불쌍한 사람' 컨셉은 어떤 형태를 띠든 쉬운 돈벌이가 된다. 사실을 말하자면, 불쌍한 사람을 이용한 동정심 자극은 (규모가 집계되지 않는) 세계적 규모의 산업이다. 그게 불법이든 적법이든 언제나 원리는 같다.

사기꾼은 대부분 착한 사람 단계 뒤에 불쌍한 사람 단계로 넘어간다. 자신이 불쌍한 사람 연기를 하든, 아니면 다른 불쌍한 사람을 이용하든, 착한 사람이 이 단계로 넘어오면 당신은 뒤 돌아보지 말고 도망쳐야 한다. 당신이 아무리 가슴 속 깊이 들끓는 동정과 박애주의를 느껴도 당신은 반드시 그 사람과의 인연을 끊어야 한다. '착한 사람이니까 도와줘야지'라고 생각하는 순간, 당신은 이미 이용당하고 있는 것이다.

'착한 사람'에서 설명한 것과 같은 원리다. 정말로 착한 사람은, 절대로 자신의 선행을 드러내지 않는 것과 마찬가지로, 절대로 자신의 어려움을 다른 사람에게 드러내지 않는다. 자신의 어려움이 다른 사람에게 드러나더라도 절대로 동정심을 자극하려고 하지 않는다. 착한 사람은 자신의 문제는 조용히 자기 혼자 해결하고 싶어 한다. 다른 사람의 도움을 받는 것이 아프기 때문이다. 나 때문에 다른 사람이 신경 써야 한다는 것 자체가 괴롭기 때문이다.

그러니까 정말로 착한 사람이든, 아니면 착한 사람을 가장한 사기꾼이든, 당신은 불쌍한 사람을 도와줄 이유도 명분도 없다. 스스로의 문제는 스스로 해결하는 것이 자연의 섭리다. 인류 역사를 돌이켜 볼 때 쓸데없는 동정심이 오히려 더 많은 것을 망쳐 왔다는 사실을 아무도 가르쳐 주지 않는 것은 비극이다. 당신이 충동적으로 느끼는 동정심은 당신도 상대도 망치는 싸구려 감정일 뿐이다. 당신 앞가림부터 하면 된다. 그게 순리다. 그리고 나서 정당한 경제 활동을 통해 다른 사람에게 도움이 되면 된다. 그걸로 족하다.

4. 과시

'자칭 수퍼개미'들은 각종 미디어를 통해 주식 투자로 수백억 원을 벌었다며 자신을 홍보한다. 또 이 사실을 직접 운영하는 인터넷 카페에 게재해 개인 투자자들을 끌어들인다. 이들은 여느 증권 방송처럼 유망 종목을 찍어주고 투자 상담을 해 준다.

'100억 자산가'로 유명한 수퍼개미 P씨는 카페 회원 수가 50만 명을 훌쩍 넘는 주식 시장 유명인사다. 그는 자신의 카페에다 어떤 종목을 얼마에 매수하고, 매수 후 얼마까지 오르면 매도해야 하는지(혹은 보유해야 하는지)를 적어 놓는다.

전문가들은 100억 원 이상의 자산가가 광고를 통해 카페 가입을 유도하고 돈벌이에 나설 리가 없다고 지적한다. 금융감독 당국의 한 관계자는 "진짜 실력 있는 전문가도 있지만 대부분은 사기꾼"이라며 "주식만으로 100억 원을 벌 수 있는 사람이라면 그냥 은퇴하거나 혼자 주식을 하면 될 것"이라고 꼬집었다. (관련 기사: 수백억 벌었다며 투자 컨설팅은 왜?, 조선일보, 2013.01.25.)

이런 유형의 사기 행각에 익숙한 사람은 100억 자산가라는 문구를 보는 순간 거짓말이라고 직감한다. 사람이 정말로 100억을 벌면 이를 숨기고 싶은 것이 정상적인 심리다. 로또 1등에 당첨된 사람이 동네방네 떠들고 자랑하러 다니지 않는 것과 같은 이치다.

돈을 얼마를 벌었다고 자랑을 하거나 이를 또 다른 돈벌이에 이용하는 것은 이 사람이 거짓말을 하고 있다는 너무도 명백한 증거다. 돈의 액수를 이용한 과시bluffing는 쉽고 흔한, 아주 낮은 수준의 거짓말이다. 앞서 예로 들었던 "350억 유산"이나, "4억 소녀", "20억 투자 가치" 등도 모두 같은 패턴이다. 심지어, "가짜면 1억 원 배상" 같은 문구마저 돈벌이를 위한 거짓말로 자주 이용된다.

이렇게 한국에 유독 숫자와 돈을 이용한 과시 행위가 많은 것은 미성숙한 자본주의 문화 때문이기도 하지만, 무엇보다 교육이 잘못된 탓이다. 과시가 심할수록 어딘가 결핍된 것이라는 인간의 기본적 심리를 아무도 가르쳐 주지 않은 탓이다.

인간은 스스로 만족할수록 과시욕이 줄어든다. 인간 심리에서 이보다 더 명확한 명제는 없다. 배가 부를수록 식탐이 줄어든다는 말과 다를 것이 없다. 하지만 사람들은 여전히 과시와 허세에 당한다. 숫자와 돈과 간판을 들이대면 그걸 본능적으로 믿어 버린다. 자연의 본능은 그 반대를 믿으라고 말하지만 어찌된 영문인지 좀처럼 그러지 못한다.

과시를 하는 사람은 반드시 어딘가 모자란 것이다. 허영으로 모자란 부분을 채우고 싶거나, 아니면 사람들을 속여 물질적 욕망을 채우고 싶은 것일 수 있다. 어느 쪽이든, 지나친 과시는 필연적 거짓말로 이어질 가능성이 대단히 높다.

극단적 사교성이 범죄로 이어지는 것도 과시욕과 허영이 원인인 경우가 많다. 사교성만 높으면 가족이나 가까운 친구들에게 거짓말을 하고 말겠지만, 여기에 과시욕이 추가되면 누군가를 파멸로 몰고 갈 수 있다. 과도한 과시욕이 필연적으로 타인에 대한 거짓말을 부르는 이유는, 앞서 말한 대로, 시야가 자기중심적으로 좁아지기 때문이다.

왜 TV에 나온 사람들 중에 그렇게 사이비가 많은지, 왜 그렇게 많은 거짓말로 망신을 당하고 도망치듯 사라지는지 원인을 생각해 볼 때다. 애당초 TV에 나오는 행위 자체가 과시욕에 의한 것이기 때문이다. 모자란 부분을 채우기 위해 거짓을 행하다 보니 불미스러운 일을 많이 겪는 것이다.

학벌 위조, 국적 세탁, 불륜, 탈세, 사기 등 TV 연예인들이 저지른 거짓말과 범죄는 일상에 가깝다. 직업이 연예인이 아닌 '전문가'라 하더라도 TV 출연을 즐기는 사람 중에는 함량 미달이나 사이비가 많다. 과시욕 때문이다.

화가 최초로 TV의 문화 프로그램 MC를 맡아 화제가 되었던 서울대 미대 출신 A씨가 그런 경우다. 서울대 출신에 타고난 미모로 TV에 출연하자마자 이목을 끌었고, 유명세를 이용해 책을 출간했는데, 이 책이 20만 권이나 팔리면서 부와 명예를 하루 아침에 얻었다. 무명 작가였던 그의 전시회에는 김

명곤, 송승환, 노영심, 윤석화, 이상봉 같은 문화계 유명인사들이 찾아와 지킴이를 서주었으며, 공중파 TV에서도 지성과 미모를 겸비한 여성 전문가로 집중 조명을 받았다.

하지만 그를 출세시킨, 그의 브랜드명과 같았던 책은 사실 그가 쓴 책이 아니었다. 미대 석사, 그림 전문가, 미술방송 전문MC라는 타이틀을 갖고 있었음에도 그는 자신의 책을 다른 작가들에게 대필시켰다. 그의 이름으로 낸 베스트셀러 4권 모두가 "사실상 100% 대필"인 것으로 언론 조사 결과 밝혀졌다.

과시형 거짓말쟁이 특징

1) 어려운 단어를 골라 씀

> "당신 때문에 내가 멍청해지는 것 같아, 데이지." 나는 코르크 냄새가 강한 붉은 포도주 2잔째 들며 말했다.
> "차라리 시골에서 농사짓는 얘기를 하지 그래?"
> 나는 아무 생각 없이 말했을 뿐이었다. 하지만 이 말은 예상치 못한 반응을 불렀다.
> "인류 문명이 죽어 가고 있어." 톰이 느닷없이 말했다. "난 지금 상황이 끔찍하게 비관적이라고 생각해.

고다드라는 양반이 쓴 '유색 왕국의 발흥(The Rise of the Coloured Empires)'이라는 책 읽어 봤어?"

"아니, 왜?" 톰의 흥분한 목소리에 난 놀라 말했다.

"그거 아주 좋은 책이야. 모두가 읽어 봐야 하는 책이지. 내용이, 지금부터 다들 조심하지 않으면 백인종은 앞으로, 그러니까 완전히 사라진다는 거지. 그거 전부 과학적인 내용이야. 모두 증명된 거지."

"톰은 점점 심오해지는 거 같아" 데이지는 동의하는 표정이 아니었고, 말을 생각 없이 했다. "톰은 어려운 책을 읽어, 어려운 단어들이 많더라고. 그 단어 뭐였지? 왜…."

"그 책들 전부 과학적인 거야." 톰은 짜증을 내듯 강조했다. "이 양반이 연구를 많이 했더라고. 전부 우리한테 달려 있어. 우리가 우월한 인종이잖아. 지금부터 조심해야 한다는 거지. 안 그러면 다른 인종들이 지배하게 된다는 거지."

—『위대한 개츠비』, F. 스콧 피츠제럴드

소설 『위대한 개츠비(The Great Gatsby)』의 내용 대부분은 부자들의 천박한 허영심에 관한 이야기다. 특히 소설 초반부에는 허영으로 가득 찬 부자들에 대한 작가의 혐오감이 적나라하게 드러나는데, 집에 커다란 서재를 만들어 한 번도 펴 보지 않을 책들을 사 모으고, 위 예시문처럼 사람들 앞에서 잘난 척 어려운 단어와 생소한 고유명사를 지껄이는 부분이 나온다. 위에서 톰이 언급한 "고다드의 유색 인종의 발흥"이라는 책은 존재하지 않는 책이다. 그는 매디슨 그랜트가 쓴 『위대한 인종의 종말(The Passing of the Great Race)』이라는 책을 헷갈린 것이다. 읽어 보지도 않고 잘난 척을 하다 보니 책과 작가 이름까지 지어내는 지경에 이른 것이다.

이른바, '네임 드로핑(name dropping)'—유명한 이름을 잘 아는 양 들먹이는 행동이다. 앞서 예로 들었던 "돈 액수를 들먹이는 과시 행위"와 동일한 거짓말 행태다. 어딘가 모자라기 때문에 과시를 한다고 했다. 아는 것이 모자라기 때문에 하는 과시 행위다.

특정 분야에서 오래 전문적 지식을 쌓은 사람은 절대로 일반인들 앞에서 어려운 단어를 쓰지 않는다. 왜냐하면 못 알아들을 것이 분명하기 때문이다. 그래서 일반인들 앞에선 일반인들이 알아들을 수 있는 단어를 쓴다.

그리고 무엇보다 사람은 아는 것이 많아지고 지식이 깊어지면 좀처럼 남에게 과시하고 싶지 않게 된다. 몇 번이고 반복해서 말하지만, 사람은 스스로 충분할수록 과시욕이 줄어든다.

불필요하게 어려운 단어나 생소한 고유명사를 들먹이는 사람을 보면 "저 사람 사실 잘 모르는구나" 혹은 "사이비라서 저러는구나"라고 생각을 해야 한다. 유식한 척 어려운 단어와 고유 명사를 들먹이는 사람에게 속는 것은 당신이 (무식한 건 둘째치고) 거짓말의 생리를 전혀 모르기 때문이다.

다시 말하지만, 잘 모르니까, 스스로 어딘가 부족하니까 자기도 모르게 과시를 하고 싶은 것이다. 그러다 무식이 탄로나는 것이다.

2) 이유 없는 공격성

미국의 코미디언 루이 C.K.의 TV쇼 중 이런 에피소드가 있다: 패스트푸드점에서 어느 여성 팬과 대화 중이던 루이. 갑자기 난입한 고등학생 무리에 의해 대화를 방해 받자 조용히 좀 해 달라고 한다. 그러자 무리 중 한 명이 루이에게 다가와 자신의 주먹에 상처를 보여 주며 시비를 건다. 이 주먹으로 어제 당신과 비슷한 어떤 아저씨의 "강냉이를 털었다"고, "그 아저씨는 기절해서 실려 갔다"고, "너도 그렇게 만들어 주겠다"고. 그러자 루이는 겁을 먹고 고등학생이 시키는 대로 한다.

질풍노도 시기 남자 아이들이 시비를 거는 패턴은 거의 일정하다. 과시를 하고, 위협을 한다. 논리로 따지거나 비판적 목적의 모욕을 주는 경우는 거의 없다. 다짜고짜 현재 상황과 전혀 관련 없는—근거 없는 공격성을 보인다. 온라인에 보면 이런 모습을 보이는 이들이 많다. 사춘기 남자만 그런 게 아니다. 남녀노소 누구나, 거짓말을 하는 자는, 이유 없는 공격성을 드러낸다. 과도한 반격, 상대에 대한 모욕, 비하, 욕설, 패드립(부모 욕) 등. 거짓말쟁이들의 전형적인 모습이다. 과시를 하고, 위협을 하고, 오버overacting 한다. 경험도 없고, 아는 것도 없고, 편들어 줄 사람도 없기에 두려운 것이다. 무시당할까 봐, 비참해질까 봐, 도태될까 봐 두려운 것이다. 그래서 자기도 모르게 센 척하는 것이다. 불필요한 공격성을 드러내는 것이다.

이런 불필요한, 이유 없는 공격성을 처음 접하는 사람들은 당혹스러울 수밖에 없다. 그래서 대부분 소극적 대응을 하게 된다. 무서워서 오그라드는 것이다. 하지만 상대가 왜 그러는지 이해하면, 오그라드는 대신, 적절하게 상대의 기를 죽이거나 제압할 수 있다.

루이의 경우, 아마 실제 있었던 일을 극화한 것으로 보이는데, 남학생이 주먹의 상처를 보여 줄 때, 이 친구가 사실은 주먹질에 익숙하지 않다는 사실을 눈치채야 했다. 싸움에 능한 사람은 과시를 하지 않는다. 왜냐면 그럴 필요가 없기 때문이다. 그냥 똑바로 쳐다보기만 해도 상대는 속수무책 기가 죽을 수밖에 없다. 진짜 싸움꾼은 이런 경험을 수없이 했기 때문에 불필요한 (혹은 과장된) 행동을 하지 않는다. 말하자면, 이 학생 주먹의 상처는 그의 유일한 훈장인 셈이다. 평생 비루한 삶을 살았던 자신에게 만들어 준 가짜 훈장.

싸움판에서 잔뼈가 굵은 사람이거나 이런 류의 거짓말에 익숙한 사람이라면 이런 얼치기 공갈 협박을 보고 다음 사실들을 본능적으로 눈치 챌 수 있다.

1) 이 학생은 자신의 무리 중 가장 싸움을 못하는 놈이며,
2) 조용히 해 달라는 말에 불안을 느낀 것이며,
3) 자신의 불안을 극복하기 위해 과시를 해야 했음.

결핍―불안―과시―공격성, 이 4단계 프로세스는, 다시 말하지만, 없는 질풍노도 세대의 개싸움에서만 나타나지 않는다. 직장, 비즈니스, 취미, 사회생활에서도, 남녀노소를 가리지 않고 흔하게 발생한다. 누군가 당신에게 뜬금없이 감정을 드러내거나, 이유 없는 적개심을 보이거나, 논리적 근거 없이 빈정대거나, 모욕 주거나, 격한 표현을 사용한다면 당신은 이렇게 생각을 해야 한다.

1) 이 사람은 원래 어딘가 모자라고 결핍된 놈이었으며,
2) 나 때문에 심리적으로 불안한 상태에 몰렸으며,

3) 이 불안한 상태에서 벗어나기 위해,
4) 호전성을 보이는 것.

경험이 없고 아는 게 없을수록, 어딘가 결핍되고 약할수록, 두렵기 마련이다. 그래서 센 척을 하는 것이다. 과시를 하고 거짓말을 하는 것이다. 경험이 충분하고 아는 게 많을수록 두려움이 없다. 허세가 아닌 현실에 집중한다. 거짓말이 아닌 실체에 관심을 갖는다. 이 진리는 언제 어디서도, 어떤 사람에게도 변치 않는다.

5. 훈계

"사람이 미래다"라는 기업 광고로 유명한 B기업은 2005년 "형제의 난"으로 경영진 3명이 기소됐으며, 그중 한 명은 4년 뒤 자살로 생을 마감했다. (관련 기사: 인간중심 경영 두산, 가족애·형제애는 어디에, 시사온, 2013.01.03.)

"약속의 힘을 믿는다"는 기업 광고로 유명한 C기업은 2014년 한해 동안 고객을 상대로 한 소송 건수 증가율에서 1위를 기록했으며, 인턴 자살 사건으로 큰 홍역을 치렀다.

(관련 기사 1: 보험사 민원건수 줄이려 법원소송 악용, 메디컬투데이, 2014.05.16.)

(관련 기사2: XX생명 인턴 자살 미스터리, 일요시사, 2013.05.06.)

한국의 대기업들보다 '이미지 광고'를 많이 하는 기업은 세계 어디에도 없다. 이들은 상품을 광고하는 것이 아니라 자신들의 '착한 이미지'를 광고한다. 주제는 언제나 비슷비슷하다. 인간, 사랑, 윤리, 약속, 책임, 상생…. 앞서 말한 "일보다 인간관계가 중요한 거짓말쟁이"의 패턴과 같다. 하지만 이들 중 광고 속에 묘사된 자신들의 이미지를 그대로 지키는 곳은 없다. 오히려 이런 이미지 광고에 열을 올리는 기업일수록 고객들에게, 그리고 직원들에게 비양심적이고 가혹하다.

(관련 기사 1: 안 그래도 힘든데… 농민 등골에 빨대, 일요시사, 2011.03.24.)
(관련 기사 2: 편의점으로 유일하게 '알바오적' 등극, 데일리팝, 2013.03.07.)

이들 대기업 이미지 광고의 특징은 '훈계'한다는 점이다. '우리는 이렇게 바르게 살고 있으니 너희들도 보고 배워라'라는 듯한 메시지로 가득하다. 왜냐하면 감추고 싶기 때문이다. 자신들의 부정한 마음을 드러내지 않는 가장 적극적이고 효과적인 방법은 남에게 훈계하는 것이기 때문이다.

내셔널지오그래픽 TV나 디스커버리 채널에서 방영되는 미국 재소자 관련 다큐멘터리를 보면 일반인들이 쉽게 이해하기 어려운 장면이 많이 나오는데 그중 하나가 살인죄로 수감 중인 재소자가 다른 재소자에게 "그렇게 살지 말라"고 훈계하는 부분이다. 재소자들 사이 가장 많이 벌어지는 싸움의 원인 중 하나도 누군가 남의 인생을 훈계하며 가르치려 들기 때문이다.

　사람은 누구나 약점을 감추고 싶어한다. 사람은 자신의 약점이 심각할수록 그에 대해 예민해진다. 그러기에 남의 약점에도 예민해진다. 자신과 비슷한 약점을 지닌 사람을 보면 흥분해서 달려든다. 그의 약점을 공격하며 대리만족을 얻는다. 나의 약점을 다른 사람에게 뒤집어씌우고 자신은 자신의 약점에서 해방된 느낌을 얻는다. 내가 너보다 나은 사람인 것 같은 느낌. 내가 너보다 한 단계 더 높은 세상에 있는 느낌. 상대적 우월감에 젖는다.

　이것이 훈계의 원리다. 과시욕의 원리와 동일하다. 훈계는 과시욕의 가장 적극적이고 애절한 형태다. 다시 강조하지만, 스스로 충분하면 다른 사람이 신경 쓰이지 않는다. 자신의 약점에 초연할수록 다른 사람 약점에 관심이 덜하다. 다른 사람의 모자란 점을 아무리 지적해 봐야 내 인생에 도움될 것이 없기 때문이다. 중요한 것은 내가 잘사는 것이지 남의 약점을 파헤치는 것이 아니기 때문이다.

6. 말이 앞섬

　"인간은 스스로 만족할수록 과시욕이 줄어든다"만큼 자명한 명제가 하나 더 있다. "인간은 진심일수록 말보다 행동을 한다"는 것이다. 사람은 절박할수록 입을 열지 않고 행동을 한다. 왜냐하면 절박한 욕구를 이뤄주는 것은 말이 아니라 행동이기 때문이다. 그래서 사람이 절박에 다다르면 본능적으로 입을 다물고 행동을 하게 된다.

행동 대신 말을 하는 사람은 절박하지 않은 것이다. 절박하지 않기 때문에 말로만 떠드는 경우가 많은 것이다. 그래서 행동보다 말이 앞서는 사람을 경계하라는 것이다.

실제로 해 보기도 전에 "무조건 된다"고 말을 하는 사람부터 경계 대상이다. 거짓말을 하지 않을 사람이면 무조건 된다고 말을 하기 전에 "한번 해 봐야 알지"라는 생각을 하기 마련이다. 해 보기도 전에, 잘 알지도 못하면서, 자신만만해 하는 사람들은 대개 자기 과시욕에 찌든 경우가 많다.

과시욕이 아니더라도 자신만만하게 말이 앞서는 사람은 잘 몰라서 그러는 수가 많다. 게다가 처음에 보였던 열의는 시간이 지나면 금세 식기 마련이다. 잘 모르고 야심 차게 덤벼들었다가 예상했던 것과 조금만 다르면 마음이 180도 바뀐다. 처음에 했던 철석 같은 약속은 어느새 공수표가 되고 만다.

해 보기도 전에 "무조건 안 된다"고 말하는 사람 역시 거짓말쟁이일 가능성이 높다. "무조건 안 된다"는 태도 역시 행동보다 말이 앞서는 것이며, 과시를 위한 것일 가능성이 높다. "무조건 된다"와 마찬가지로, 단호함을 과시해서 자신의 권위를 높이려는 심리다.

어떤 경우든, 일단 상대 말을 잘 들어 보고, 자신이 직접 해 본 뒤에 말을 하는 것이 상식이다. 어떤 경우든, 행동이 아닌 말부터 앞서는 사람은 과시형 거짓말쟁이일 가능성이 높다.

일이 잘 안 됐거나, 약속이 지켜지지 않았을 때 변명이 길어지는 사람 역시 거짓말쟁이일 가능성이 높다. 맡은 일에 정말로 진지한 사람은 변명은커녕 미안하다는 소리도 잘 하지 않는다. 왜냐하면 그런 말을 하는 시간조차 아깝기 때문이다. 변명하느라 시간을 낭비하기 전에 문제를 해결하기 위해 몸을 움직여야 하기 때문이다.

사람은 일이 잘못되면 변명을 하고 자초지종을 설명하고 싶어진다. 다시 말하지만 이는 문제를 해결하기 위함이 아니라 '책임을 회피하려는' 본능이다. 이런 본능이 과도하게 드러나는 사람은 어떤 일도 책임지기 어려운 거짓말쟁이일 수밖에 없다.

연예인 C씨가 이런 경우다. 그는 소싯적 폭력 행위로 전과 기록을 수차례 세웠는데, 방송에서 틈만 나면 그때의 행동들을 눈물로 뉘우친다고 말했다. 하지만 그와 동시에 그때 자신이 물어준 합의금이 1억 원은 족히 넘을 것이라고 자랑 삼아 이야기하기도 했다.

행동 대신 말을 하는 사람은 절박하지 않은 것이다. 진심으로 뉘우치지 않기 때문에 방송에 나와 과거 일을 그렇게 쉽게 떠드는 것이다. 정말로 진심으로 뉘우쳤다면, 그 뉘우침이 가슴에 못이 박혀 절절하게 고통스러웠다면 절대로 방송에서 그런 얘기를 꺼내지 않았을 것이다. 그리고 그런 말을 하는 대신, 다시는 그런 일이 일어나지 않도록 늦은 밤 음주를 자제하는 등의 예방적 행동을 먼저 했을 것이다.

연예인 T씨는 처음 미국 스탠포드 대학 학벌 위조 논란을 겪었을 때 별다른 대응을 하지 않았다. 그의 명문대 학벌은 명백한 사실이었다. 그래서 그는 변명하고 싶지 않았던 것이다. 거짓말의 생리에 대해 잘 아는 사람이었다면 T씨가 거짓말을 하는 것이 아니라는 쪽에 무게를 두었을 것이다. 하지만 사람들은 그 반대로 해석했다. 거짓말이기 때문에 아무 말도 '못 하고' 있는 것이라고 착각했다.

다시 말하지만, 진심은 변명하지 않는다. 변명하고 말이 많아지는 것은 거짓말이기 때문이다.

7. 말이 많음

모든 책에는 서문이 있다. 이곳에 책을 쓰게 된 동기, 독자 혹은 주변 사람들에게 하고 싶은 말을 남긴다. 이 서문이 유독 변명과 핑계로 가득한 경우가 있다. 앞서 '어려운 말'을 영터리로 쓰다 망신을 당했던 J씨의 초기 출판물 서문에는 유독 이런 변명이 많았다. 변명의 내용을 대체로 이러했다: "이보다 훨씬 더 잘 쓸 수 있었지만 이런저런 사정으로 이 정도에 그쳤다."

사람은 약점이 많을수록, 어딘가 부족한 느낌이 들수록 자기 방어에 집중한다고 했다. 글을 아무리 많이 써 본 사람이라도, 불필요한 말이 많을수록 책의 품질이 떨어진다는 사실을 너무 잘 아는 사람이라도, 결국 자신이 없으면 이런 자기 방어를 위한 변명이 나올 수밖에 없다. J씨가 서문으로 하고 싶었던 이야기는 "나는 최선을 다하지 않아도 이 정도 책을 쓸 수 있는 사람이다" 즉, "나는 이 책보다 훨씬 잘난 사람이다"였다.

사람은 자의식이 강할수록 거짓말을 할 수밖에 없다. 자의식이 강하기 때문에 다른 사람의 눈치를 보고 나 자신을 꾸미고 사실대로 말하지 못한다. 자의식과 거짓말은 서로 물고 물리는 인과 관계를 갖는다. 자의식 과잉 때문에 거짓말을 하기도 하지만, 거짓말을 하기 때문에 자의식 과잉이 생기기도 한다.

"닭이 먼저냐 달걀이 먼저냐" 관계인 것 같지만, 거짓말이, 먼저다. 거짓말을 하기 때문에 자의식 과잉 현상이 발생한다. 앞서 이야기한 거짓말 이론과 동일하다. 스스로 부족하기 때문에 불안하다. 불안하기 때문에 자기 방어에 힘이 쏠리고 거짓말을 하게 된다. 거짓말은 더 큰 불안을 부르고 자의식이 강화된다.

강화된 자의식은 필연적으로 또 다른 거짓말을 부른다. 나 자신에 대한 설명'이다. '자신에 대한 설명'이 길어질수록 '이 사람이 거짓말을 하려는구나' 예상할 수 있어야 한다. '자신에 대한 설명'의 종류는 무척 다양하다. 몇 가지만 예로 들면 다음과 같다.

"나로 말할 것 같으면…" : 자화자찬 레퍼토리
"못난 저를 부디…" : 극단적 겸손 모드
"다른 사람들에 비해 나는…" : 맥락을 벗어난 비교 우위
"그게 아니라요…" : 자기 부정, 변명과 핑계
"정말로 너무너무 진짜로 맹세컨대…" : 수식어/부사어/미사여구 남발

공통점은 "말이 쓸데없이 많다"는 것이다. 지나친 겸손이든, 자화자찬이든, 어떤 식으로든 불필요하게 말이 많다 싶으면 이 사람은 현재 자기 방어에 열중하고 있다고 생각하면 된다.

프로세스는 언제나 동일하다. 자기 방어는 거짓말로 이어지고, 이는 자의식 과잉으로 나타난다. 상대가 아무리 착하고 진솔해 보여도 원리는 변하는 법이 없다. 심정적으로 그렇게

보고 싶지 않더라도, 불필요하게 말이 많은 사람은 결국 거짓말을 하고 있거나, 거짓말을 하게 돼 있다.

다시 강조한다. 말보다 행동이다. 행동이 우선시될수록 약속이 이행될 확률이 높다. 반대로 쓸데없는 말이 많아질수록 거짓말일 가능성이 높다. 목적지향적 자세가 중요하다. 목적과 관련 없는, 주제에 벗어난 얘기를 하는 사람은 거짓말쟁이이거나, 거짓말쟁이가 된다. 일에 집중하지 못하기 때문이기도 하지만, 의식적으로 자신의 거짓말을 감추기 위한 목적이 있기 때문이기도 하다.

말 많은 거짓말쟁이 특징

1. 해 보기 전에 말이 많음

잘 알지도 못하면서 아는 척을 하려는 사람들이 있다. 충분히 잘 알거나, 직접 해 본 경험이 있는 사람들은 아는 척하려고 하지 않는다. 되면 알겠다고 하는 것이고, 안 돼도 일단 해 보고 안 된다고 한다.

해 보기도 전에 무조건 안 된다는 사람들이나, 무조건 된다는 사람들 모두 이런 유형의 거짓말쟁이들이다. 다시 말하지만 행동보다 말이 앞서는 사람들은 실력이 안 되거나, 의지가 없거나, 자신이 없는 사람들이다. 즉, 자신의 약점을 무의식적으로 감추기 위해, 즉 자기 방어를 위해 말이 먼저 많아지는 것이다.

2. 쓸데없는 사족

다시 말하지만, 목적지향적일수록 거짓말일 확률은 줄어든다. 본문을 이야기하지 않고 쓸데없는 변명과 사족에 신경 쓰는 사람들은 대부분 거짓말을 할 사람들이다. 약속을 했으면 약속을 이행하는 데 집중해야 하는데, 그럴 만한 자신이 없으니 미리 빠져나갈 구멍을 만드는 데 열심일 수밖에 없다.

3. 일 이야기는 안 하고 딴 소리만

"내가 누구랑 친한데 말이야", "내가 누구랑 밥을 먹었는데 말이야", "거기 가면 내가 잘 아는 데가 있는데 말이야" 일 이야기를 하는 듯하다가 일과 전혀 상관없는 자기 과시, 인맥 자랑, 간판 자랑 등 옆으로 새는 이야기를 자주 하는 사람들이 있다. 이 경우 "이 사람은 믿을 만한 사람이 아니다"라는 판단을 해야 한다.

4. 남 눈치 보는 말을 함

본문을 이야기하기 전에 "~할 의도가 아니다", "오해 말고 들어 달라"고 상대방의 양해부터 구하는 사람들이 있다. 100% 거짓말을 하려는 사람들이다. 내게 의도가 있기 때문에 남의 눈치를 볼 수밖에 없다. 정말로 의도가 없었다면 애당초 불안한 마음도 없었을 것이고, "오해 말고 들어 달라"는 남 눈치 보는 말을 미리 하지도 않았을 것이다.

다시 말하지만, 쓸데없는 말이 없어야 진실에 가깝다. '무엇 때문에 저런 말을 하지, 저런 말은 안 해도 될 텐데' 누군가의 말을 들으며 이런 생각이 든다면 '이 사람은 지금 거짓말을 하고 있다'고 확신해도 좋다. 거짓말 구분법 도입부에 말했던 거짓의 기원을 다시 이야기한다. 인간의 말이 곧 거짓이라고. 말은 적을수록 거짓에서 멀어지고, 많을수록 거짓에 가까워질 수밖에 없다.

8. 약속 남발

이혼 상담을 전문으로 하는 사람들은 '각서를 쓰는 부부는 이혼 확률이 높다'는 사실을 잘 안다. 부부 간의 각서는 상대에 대한 부당한 행위를 막고 이혼을 방지하기 위해 쓰는 예방책이다. 그래서 공증을 받고 서로에게 법적인 책임을 지운다. 하지만 현실을 보면, 각서를 쓴 부부는 결국 높은 확률로 이혼을 한다.

각서가 문제가 아니라, 애당초 각서를 써야 할 정도로 악화된 상황이 문제다. 그리고 그보다 더 심각한 문제는 각서를 쓰겠다고 한 사람이다.

다시 말하지만, 사람은 절박할수록 말을 하지 않고 행동을 한다. 왜냐하면 말은 아무것도 하지 않기 때문이다. 정말로 자신의 행동을 바꿔야겠다는 생각이 들면 사람은 '약속'이 아니라 '어떻게 할 것인가'에 집중한다. '어떻게 할 것인가'는 관심 없고 '약속'에 집중하는 사람은 당장의 위기를 모면하고 싶은 것뿐이다.

"나를 못 믿겠냐"며 각서를 쓰자는 사람이 결국 자신의 말을 어기는 까닭은 이 때문이다. 각서로 위기를 모면하고 나면 사람은 마음이 느슨해진다. '각서를 썼으니 이제 나를 믿겠지'라는 안이한 마음에 절박함은 사라지고 다시 예전처럼 몸 편한 대로 행동을 한다.

그래서 각서는 '면죄부'에 가깝다. '그동안 잘못했으니 앞으로 그러지 않겠다'가 아니라 '이렇게 각서를 써 주면 덜 의심하겠지'라는 심리에서 쓰는 것이다. '각서 거짓말'에 속는 사람도 '이렇게 해 둬야 자기 마음이 편하다'는 심리로 각서를 받아준다. 즉, 스스로의 선택으로 거짓말에 속는 것이다.

조직 폭력배들이 단지(斷指: finger cutting) 같은 잔혹한 의식을 치르는 것도 각서의 논리와 동일하다. 손가락을 자르고 피를 흘리면 진짜처럼 보이기 때문이다. 일종의 쇼이자 연막작전인 셈이다: '손가락까지 잘랐으니 이제 나를 믿겠지.'

실제로 손가락을 자르는 것과 약속을 이행하는 것 사이에는 아무 논리적 연관이 없다. 차라리 약속을 이행을 위한 약조금을 걸어두는 것이 훨씬 효과적일 것임은 정상적 상식을 가진 사람이라면 누구나 이해할 수 있다. (그래서 법원에선 각서 대신 보석금을 요구한다. 왜냐하면 약속보단 돈이 거짓말을 막는 데 더 효과적이기 때문이다.)

하지만 사람들은 여전히 속는다. 손가락을 자르는 자극적인 쇼 이벤트로 사람들을 홀려 놓았으니 더 쉽게 거짓말을 할 수 있는 상황이 됐다는 사실은 전혀 눈치채지 못한다. 그래서 조직 폭력 비즈니스에 그렇게 많은 거짓과 배신이 횡행하는 것이다. 애당초 거짓말 없이는 생존이 불가능한 비즈니스였던 까닭에 그렇게 극단적인 이벤트가 생긴 것이고, 이런 이벤트 뒤에는 더 악랄한 거짓과 배신이 난무하는 것이다.

강하고 자극적인 약속, 확실해 보이는 약속일수록 거짓말의 가능성은 높아진다. 절대 그러지 않겠다, 믿어도 된다, 걱정하지 마시라, 하늘이 두 쪽 나도 약속은 지킨다고 말하는 사람들은 자신을 믿어 달라고 구걸을 하는 것일 뿐, 실제 약속을 이해하기 위한 행동은 아무것도 하지 않았음을 깨달아야 한다.

거짓말의 공식은 항상 같다. 약속이 많아지면 거짓말이 늘어난다. 거짓말을 하지 않는 사람은 정말로 할 수 있는 약속만 한다. 그래서 약속이 적다. 거짓말을 하는 사람은 자기가 할 수 없는 약속도 한다. 그래서 약속이 많다.

당신들은 이미 어릴 때부터 약속을 남발하는 사람들로부터 무수히 많은 배신을 당했다. 부모, 친구, 교사, 선배, 정치인 등, 약속을 남발한 사람들은 100%의 확률로 약속을 어겼다. 그럼에도 당신들은 아직도 약속을 남발하는 사람들을 믿는다. 아직도 온몸을 쥐어 짜며 반드시 꼭 목숨 걸고 약속을 부르짖으면 자신도 모르게 진심이라 여긴다. 현실성 없는 달콤한 장미빛 약속을 들으면 설마 하면서도 자신도 모르게 기대를 갖는다.

그렇게 당신은 거짓말에 속는다. 어릴 때 속는 약속은 단순한 배신감에 그치겠지만, 성인이 돼 속는 약속은 당신의 신세를 망칠 수 있다. 학교든 직장이든, 누군가 당신에게 '너무나 확신에 찬' 혹은 '너무나 그럴듯하고 달콤한' 약속을 하면 이 약속은 십중팔구 공수표가 될 것이란 사실을 먼저 예상해야 한다. 왜냐하면 지금까지 항상 그래 왔기 때문이다.

9. 투사(뒤집어씌움)

노인들은 귀가 잘 들리지 않기 시작하면 목소리가 커진다. 내 목소리가 잘 들리지 않기 때문이다. 내 목소리가 조그맣게 들리니 상대도 내 목소리가 작게 들릴 것이라고 생각해서 더 크게 말하는 것이다.

사람은 누구나 자신의 기준으로 다른 사람들을 본다. 다른 사람도 내 경험과 내 사고방식으로 세상을 바라본다고 생각한다. 그래서 사람들은 다른 사람들을 평할 때 실제로는 '자기 자신을 평하는' 실수를 범한다.

지구 온난화global warming 회의론자들이 온난화 이론을 비난할 때 가장 먼저 내세우는 근거가 '금전적 목적으로 온난화를 날조했다'는 주장이다. 상식적으로 볼 때, 온난화 이론에 가장 먼저 비판적 입장을 취할 이들은 탄소 연료를 생산하고 소비함으로써 이익을 취하는 기업들이다. 당연하게도, 온난화 회의론은 애당초 과학계가 아닌 산업계에서 출발했다. 온난화 회의론을 주장하는 과학자들은 한 명도 예외 없이 어떤 식으로든 화석 연료 기반 산업계와 연관된 사람들이다. (관련기사: 프란치스코 교황, 환경으로 눈을 돌리다, 경향신문, 2015.06.22.)

지구 온난화를 부정해서 이득을 취할 사람들이 되려 '온난화는 금전적 목적을 가진 사람들이 지어낸 음모론'이라고 공격을 하는 이유는 '투사(投射 projection)' 때문이다. 상대도 나처럼 귀가 잘 안 들릴 것이라고 착각을 하는 노인과 같은 심리다. 인간은 어딘가 결핍돼 있으면 이를 상대에게 뒤집어씌우고 싶어한다. '저 사람도 당연히 나처럼 그런 문제가 있겠지.' 동병상련. 상대도 나 같아야 마음이 편해지기 마련이다. 특히 내가 어딘가 병들고 결핍돼 있으면 나처럼 병들고 아픈 상대를 애타게 찾고 싶어진다. 찾지 못하면 거짓으로라도 만들어 낸다. 이것이 투사에 의한 거짓말이다.

다시 온난화 회의론자로 돌아가서, 내가 부정한(금전적) 목적을 염두에 두고 있기 때문에 불안한 것이다. 그래서 자신의 심리를 상대에게 투사한다. "저놈들이 나보다 훨씬 더 한 놈들이다." 이렇게 비난을 퍼붓고 나면 마음이 편해진다. 나의 속마음이 감춰지고 불안감이 잦아든다.

투사는 거짓말 이론에서 매우 중요하다. 다시 말하지만, 사람은 누구나 자신의 입장에서 타인을 바라보기 때문이다. 내가 저 사람의 성격과 상황을 직·간접 경험하기 전에는 나는 언제나 내 경험으로 저 사람을 바라볼 수밖에 없다. "저 사람은 아마 그럴 거야" 이는 "내가 그렇다"는 말과 다르지 않다. 그렇지 않고는 저 사람을 설명할 방법을 모르기 때문이다.

전문적 지식이나 경험 없이 상대 심리를 분석하거나, 숨겨진 의도(음모론)를 주장하거나, 별것 아닌 것에 분기탱천 과도하게 맹비난하는 것은 대부분 투사에 의한 거짓말이 반영된 것이다. 상대에 관한 이야기를 하는 것 같지만, 사실은 자신의 이야기를 하는 것이다. 왜냐하면 그러고 싶기 때문이다. 자신의 결핍을 타인에게 투사해야 마음이 편해지기 때문이다.

10. 과거 집착

"내가 왕년에 말이야" 이런 말 듣기를 좋아할 사람은 없을 것이다. 하지만 본인이 이런 말을 하는 건 거리낌이 없는 경우가 많다. 왜냐하면 현재가 비루하기 때문이다. 결핍은 과시욕을 만든다고 했다. 자신의 과거 이야기에 적극적인 것은 이런 과시욕의 일부다. 과거 이야기를 자주 꺼내는 사람일수록 현재가 결핍된 사람이다. 아무리 겉보기 멀쩡해도 자꾸 자신의 과거에 집착하면 이 사람은 반드시 현재에 문제가 있는 것이며, 믿을 수 없는 사람이라고 판단을 해야 한다.

미래에 대한 집착도 마찬가지다. 자랑할 과거가 마땅치 않으면 미래에 매달린다. 근거 없는 (장밋빛) 미래를 이야기한다. 요행을 바라는 것이다. 지금까지 인생이 비루하고 허황됐기에 앞으로는 다를 것이라 최면을 거는 것이다. 그래서 미래에 집착하는 사람들은 비현실적 발언을 자주 한다. "이것만 되면 몇십억은 금방이다", "내가 마음만 먹으면 1년에 몇억은 우습다"는 식으로.

현실 가능성이 없는 말은 거짓말이다. 자신은 거짓말을 의도하지 않았다지만 결과는 의도된 거짓말과 똑같다. 행동하지 못하고 말만 늘어 놓는 거짓말의 패턴과 동일하다. 현재의 문제를 해결하고 행복하게 살 능력이 없으니 과거 혹은 미래에 매달리는 것이다.

당신이 거짓말에 속는 이유와 거짓말을 하는 이유는 같다. 거짓말이 더 달콤하기 때문이다. 진실은 쓰고 거짓말은 달콤하기에 거짓말의 유혹에 빠지는 것이다. 사람은 무능하고 게으를수록 진실을 멀리한다. 행동은 하지 않고 말이 앞서니 자꾸 현실에서 멀어질 수밖에 없다. 달콤한 거짓말에 홀려 현실을 무시하다가 시간이 지나면 어쩔 수 없이 쓰디쓴 진실을 마주한다. 그러면서도 끊임없이 달콤한 거짓말을 꿈꾼다. 그러다 거짓말쟁이에게 걸려 패가망신하거나, 자신이 거짓말을 하다 범법자가 된다.

사실을 말하자면, 거짓말쟁이의 가장 핵심적 특징은 무능이다. 모든 거짓말은 결핍에서 시작한다고 했다. 사람은 무능할수록 거짓말을 찾는다. 왜냐하면 무능에 의해 인생이 결핍됐기 때문이다.

거짓말에 걸리지 않는 가장 좋은 방법은 현재에 집중하는 것이다. 문제를 스스로 해결하는 것이다. 지금 당장 현재의 문제를 해결해야 거짓말에 의존하지 않는다. 지금 당장 어렵더라도 적극적으로 현실에 몸을 담가야 거짓말 때문에 인생이 망할 확률을 줄일 수 있다.

'북벌론의 대부'로 칭송받았던 효종은 부왕이 겪은 삼전도의 치욕을 되갚아 주고자 재위 기간 내내 청나라 북벌을 주장했다. 효종은 조정에 북벌론자들을 등용하고, 틈만 나면 "수치를 씻겠다"고 말했다. 하지만 정작 북벌은 이뤄지지 않았다. 당장이라도 청나라에 쳐들어 갈 것처럼 말했지만 북벌을 위한 아무 실질적 조치도 취하지 않았다. 효종에게 북벌은 말 그대로 말뿐이었다.

왜냐하면 효종은 애당초 북벌을 이행할 생각이 없었기 때문이었다. 그래서 그렇게 입으로만 부지런하게 북벌을 외쳤던 것이다. 거짓말은 언제나 말이 앞선다고 했다. 이승만이 북진통일을 외치며 "점심은 평양, 저녁은 신의주" 허세를 떨었던 것과 비슷했다. 하지만 효종은 이승만과 달랐다. 그가 북벌을 하겠다고 거짓말을 한 것은 거짓말쟁이였기 때문이 아니라 현실주의자였기 때문이었다. 그는 말로는 북벌을 외치면서 뒤로는 내실 강화에 몰두했다.

효종은 민생을 안정시키고 경제기반을 다지기 위해 충청도까지 대동법을 확대 실시 했으며, 화폐 보급에 전력을 다했다. 암행어사를 파견해 민생을 살피고 탐관오리들을 벌 주었으며, 지방관들을 직접 만나 민생 증진을 위한 방안을 주지시

컸다. 효종은 군사 개혁에도 열을 올렸다. 자신이 직접 각종 군 개혁 아이디어를 쏟아냈으며, 군사 훈련에 참여했으며, 성을 쌓고, 신형 대포와 조총을 제작했다. 그리고 군기에 어긋난 행동을 한 군인은 자신의 손으로 직접 처형했다.

효종의 군사 개혁은 북벌을 위한 것이 아니라 외적 침략을 방어하기 위함이었다. 효종에게 북벌은 비현실이었다. 허황된 미래였다. 또 다시 북벌 같은 현실성 없는 거짓말에 매달리면 나라는 다시 한번 망할 것이라 믿었다. 그래서 그는 현실에 매달렸다. 조선이 왜 매번 오랑캐의 침략에 쉽게 무너졌는지 문제의 원인을 파악해 하나씩 해결해 나갔다.

효종은 정치적 보신을 위해 북벌이라는 거짓말을 끌어들였으나, 그 자신은 거짓을 가까이하지 않았다. 진실을 보는 사람에게 거짓말은 없다. 인간은 거짓에서 멀어질수록 진실에 가까워진다. 그리고 삶은 나아진다. 효종은 이 진리를 믿었다.

11. 간판 집착

2004년 '1000억 원대 투자를 유치한 세계적 벤처 사업가'로 이름을 날렸던 Y씨가 유명해진 계기는 '서울대 중퇴' 그리고 '4개 국어 능통'이라는 타이틀이었다. 그는 뉴스에 등장할 때마다 그가 하고 있는 사업과 아무 관련 없는 '서울대' 간판과 함께 등장했고, 사람들은 그가 실제로 뭘 하는지 모른 채 그저 '대단한 사람'이라고 여겼다.

하지만 이후 밝혀진 바에 따르면 Y씨의 사업은 빈 깡통과 다를 바가 없었으며, 1000억 원대 투자 유치도 아무 실체가 없었다. 그리고 Y씨의 사업은 요란했던 언론 홍보에도 불구하고 별다른 실적 없이 문을 닫아야 했다.

'서울대 출신 천재 사업가 Y씨' 광풍은 1년 동안이나 계속됐지만 한국의 메이저 방송국과 언론사는 대부분 Y씨에 대한 검증 없이 경쟁적으로 거짓 보도에 열을 올렸다. 그저 '서울대 출신 천재라니까'라는 생각으로 모든 걸 받아들이는 분위기였다.

한국에선 유독 이런 사람들이 주목을 받는다. 지금까지 단 한 번도 뭔가를 생산하거나, 업적을 세운 적이 없음에도, 학벌, 간판, 수치만으로 '성공한 인생'으로 포장되는 경우가 많다. '미스코리아 출신 하버드 대학생'이라는 타이틀로 유명한 K씨, '천재 소년'이라는 타이틀로 전국적 언론의 주목을 받았던 S씨, '나사(NASA) 출신 연구원'이었다는 K씨, '아이큐 150대 멘사 회원'이라는 B씨… 모두 지금까지 한 번도 어떠한 지적 생산물로 인정을 받은 적도 없고, 목표로 한 업적을 이룬 적도 없었음에도 '본받아야 할 우상'으로 각광받았다.

상식적으로, 지능 지수나 성적, 학벌은 양질의 결과물을 생산하고 업적을 이루기 위한 도구일 뿐이다. 아무리 뛰어난 지능/성적/학벌을 갖추어도 이것이 생산이나 업적으로 이어지지 않으면 무의미할 수밖에 없다. '천재'라는 타이틀로 학업을 선택했다면, 생산물을 만들어 내진 못하더라도 최소한, 논문이 저명한 학술지에 소개되거나 다른 논문에서 인용되어야 '천재성'이 인정받는다. 서울대라는 타이틀로 사업을 시작했다고 어떤 성공 확률을 보장받는 것은 아니다. 고졸 출신 사업가들과 동일한 위치에서 사업을 시작한 것뿐이다.

사실을 말하자면 학벌에 치중하는 사람일수록 생산성이 떨어질 뿐 아니라 취업에서도 오히려 불이익을 받는다. 앞서 언급한 천재들의 사례도 그러했다. (관련기사: 미국 유학의 그늘, 동아일보, 2015.05.30.) 진공 청소기를 파는데 "IBM에서 인공지능 설계를 했고 애플에서 디자인을 했다"고 떠드는 꼴과 다르지 않다. 흡입력도 형편없고 툭하면 고장 나는 진공 청소기에 성능과 무관한 브랜드 이름이 붙어 있다고 품질이 인정받을 리 만무하다.

역으로 판단해 보면 더 명확하다. 품질에 자신이 없으니 브랜드 네임을 파는 데 집중하는 것이다. 품질이 우수하면 품질을 입증할 수 있는 마케팅 포인트를 찾기 마련이다. 품질이 우수하지 않으니 품질과 하등 관련 없는 '껍데기 권위'에 의존하는 것이다.

껍데기 권위를 구분하는 법은 쉽다. 명문대 학벌을 과도하게 들먹이거나, 관련 없는 브랜드 네임을 끌어들이거나, 유명인사 이름을 들먹이거나. 문제는 이런 발언을 하는 사람들을 거짓말쟁이로 인식하지 못한다는 점이다.

사람들은 껍데기 권위에 속는다. 언론에 기사화되는 사기 사건의 절대다수는 명문대 학벌이나, 유명인이나, 유명 브랜드 이름을 도용한 경우들이다. 서울대 출신이라든가, TV 프로그램에 소개됐다거나, 나사에서 인증을 받은 기술이라든가, 유명인과 친분이 있다거나. 이 말을 믿은 사람들은 대부분 구제불능의 피해를 입고 뉴스 기사 속 주인공으로 등장한다.

설사 껍데기 권위가 진실이라 할지라도 당신은 절대로 이런 것을 가까이해서는 안 된다. 다시 말하지만, 본질이나 생산성과 관련 없는 간판에 치중하는 것은 어딘가 결핍―구멍이 있다는 말과 다를 바 없다. 당신이 간판에, 껍데기 권위에 가까이 갈수록 당신은 언젠가 이 구멍에 빠질 확률이 높다.

앞서 언급한 T씨의 스탠포드 학벌 논란은 자승자박의 형태를 띤다. 스탠포드 출신 천재라는 타이틀을 들고 나왔을 때부터 T씨의 비극은 잉태된 것이나 다름 없었다. T씨가 실력으로 승부하겠다는 초심을 잃지 않고, 스탠포드 간판을 뒤에 묻은 채 활동했더라면 학벌 논란이 생길 일은 없었다. T씨가 보다 본질적인 사람이었다면 언론에서 무분별한, 본인의 일과

하등 관련 없는 스탠포드 이야기로 시청률 장사를 할 때 불만을 제기하거나 이제 그만하자고 자제 요청을 할 수 있었다. 하지만 그러지 않았다. 왜냐하면 그게 좋았으니까. 간판으로 인기를 끌고 자긍심을 고취하는 편이 자신에게 더 이롭다고 판단했으니까. 과시에 발목이 잡힌 셈이다. 거짓말을 하지는 않았지만, 어떤 이들에겐 그것이 아니꼬운 위선으로 느껴졌던 것이다.

12. 선함 집착

제임스 프레이저의 인류학 고전 『황금가지(The Golden Bough)』의 첫머리에는 피 흐르는 칼을 들고 아르테미스(Diana)의 숲을 배회하는 제사장의 모습이 등장한다. 이 사람은 방금 이전 제사장을 죽이고 그의 자리를 차지했다. 제사장의 자리는 언제나 살인으로 승계된다. 따라서 제사장이 된 사람은 자신의 자리를 승계하려는 사람들로부터 살아남기 위해 항상 핏발 선 눈을 부릅뜨고 주변을 경계할 수밖에 없다.

'착하게 살자', '바르게 살자'는 문구에 집착하는 사람들이 있다. 폭력, 공갈협박, 사기, 갈취, 편법 등으로 사회적 명성과 부를 쌓은 이들이다. 이들이 사회에 성공적으로 정착하고 나면 대부분 그렇게 도덕적 의무를 부르짖는다. 개중에는 종교에 귀의해 사람들에게 종교적 도덕관념을 강요하기도 한다.

조직 폭력배 유형의 비뚤어진 심리로 보여지지만, 사실은 거의 모든 사람들에게서 나타나는 평범한 심리다. 사람은 누구나 편하고 안정적인 삶을 추구하는데, 젊은 시절 그런 삶을 누려보지 못했던 사람들일수록 그런 삶에 대한 간절함이 더해진다. (천신만고 끝에) 안정적 삶을 찾았으니 다른 이가 이를 방해해선 안 되는 것이다. 그래서 자신의 팔뚝에, 집 문 앞에, 사무실 벽에, 마을 입구에 '착하게 살자'는 간절한 마음의 문구를 써 붙인다. 즉, 이는 자신에 대한 다짐이 아니라 타인에 대한 경고에 더 가깝다.

중요한 건 평생을 착하고 바르게 살았던 사람들은 그런 것에 간절함이 없다는 점이다. 사람은 누구나 자신의 기준으로 다른 사람을 본다고 했다. 평생을 착하고 바르게 살아온 사람들은 본능적으로 남들도 나처럼 착하고 바르게 행동할 것이라고 생각한다. 내가 타인에게 선의를 가진 것처럼 타인도 내게 선의를 갖고 대할 것이라는 자연발생적 믿음을 갖는다.

하지만 평생을 이기적이고 악랄하게 살아온 사람들은 그런 믿음이 없다. 내가 평생 그렇게 살았듯, 상대방도 내게 악독한 행동을 할 수 있다는 편견을 가질 수밖에 없다. 이 심리는 불특정 다수에 대한 1) 공격적이고 배타적인 태도로 나타나거나, 아니면 2) 상대방의 이기적 행동을 저지하려는—훈계적이고 계몽적인 모습으로 나타난다.

2번이 '착하게 살자'의 모티브다. 내가 착하지 못하니 불안한 것이다. 다른 사람도 나처럼 비열한 사람일까 두려워 정의와 도덕과 규율에 집착한다. 그래야 내 마음이 편하기 때문이다. 그래야 내 삶이 안정되는 것 같기 때문이다.

『황금가지』에 등장하는 제사장의 심리는 현재에도 미래에도 똑같은 원리로 존재한다. 자기 자신에 대한 죄의식과 불안감은 정의와 도덕에 대한 간절함으로 나타난다. '그래, 사람은 착하게 살아야지'라는 식상하고 단순한 심리가 아니라, "너는 왜 착하게 살지 못하니!"라는 절규에 가까운 모습으로 나타난다.

다시 말하지만, '내가 착하게 살 테니 너도 착하게 살아라'는 심리가 아니다. '나는 그렇지 못하기 때문에 네가 착하게 살아야 한다'는 심리다. 편법과 거짓말로 살아온 인생은 아무리 고쳐 살아도 불안하다. 사람의 행동 패턴은 변하지 않으며 앞으로도 계속 그럴 것이기 때문이다.

그 불안한 마음이 도덕과 규정, 삼강오륜과 교조주의에 자리잡는다. 협잡투성이 인생이 안정되려면 뭔가 강력한 규제가 필요한 법이다. 그리고 그 규제는 당연히 내가 아닌 다른 사람들에게 적용되어야 하는 법이다.

그래서 도덕군자 거짓말쟁이들은 타인에게 가혹하다. 조

금만 틀에서 벗어나도 과민반응을 한다. 불안한 심리의 반영이다. 타인의 사고와 행동에 족쇄를 채우고 감시를 해야 내가 살아남는다는 절박함 때문이다.

비윤리에 유난히 광분하는 사람, 도덕과 규범을 강요하는 사람, 독단적이고 융통성 없는 사람들은 대부분 거짓말쟁이들이다. 자신을 도덕군자로 포장하고 다른 사람들을 도덕윤리로 결박해 심리적 안정을 얻고자 하지만, 사람의 행동 패턴은 변하지 않기에, 이들의 포장 이면에는 거짓말이 반복될 수밖에 없다.

'착하게 사는 것'은 수많은 개인적 인생살이 방법 중 하나일 뿐이다. 정말로 착하게 사는 사람들 입장에서 착하게 하는 것은 남에게 강요할 것도 아니고 계몽할 것도 아니다. 본인이 그렇게 살고 싶으면 떠들지 말고 조용히 그렇게 살면 된다. 실제 그렇게 사는 사람들은 모두가 예외 없이 조용히 그렇게 산다.

착한 일에 집착하는 사람들 중에는 실제로 거짓 없이 착하게 사는 사람들도 있다. '남 돕기'에 집착하는 사람들이다. 착하게 살기 위해 착하게 사는 것이 아니라 정말로 남 돕는 것이 좋아서 사는 사람들이다.

이 사람들은 내가 이미 그렇게 살고 있기 때문에 굳이 남에게 그렇게 살라고 강요하진 않는다. 남에게 드러내고 강요하지 않는다는 점은 다른 도덕군자 거짓말쟁이들과 확연히 다르다.

하지만 이들도 가까운 사람들을 배신한다. 항상 손해 보는 짓을 한다는 것이 문제다. 남을 돕는 것이 최우선이기 때문에 나의 희생쯤은 아무것도 아닌 것으로 여긴다. 그리고 이 희생은 가족에게 전가된다.

남을 도와야 한다면서 정작 자신에게 가장 소중한 사람들은 돕지 못한다. 돕지 못하면 피해라도 주지 말아야 할 텐데, 어떤 식으로든 피해를 주고 이를 정당화한다. 가장 나쁜 건 다음부터 그러지 않겠다 하고는 또 그런다는 점이다. 남 돕기에 집착하는 사람들의 가장 고질적인 문제다. 몸과 마음이 저절로 그렇게 움직인다. 아무리 이성적으로 '또 이러면 가족/친구들이 손해 볼 텐데'라는 생각으로 억제하려 해도 결국에는 자신과 가장 멀리 떨어진 사람들을 먼저 돕다가 가장 가까운 사람들과의 약속을 어기고 피해를 입힌다.

13. 명분 집착

사회적 이슈에 예민한 사람들이 있다. 기업 불매 운동에 적극적이고, 정의와 애국심에 호소하며, 반일 반중 반미, 국가적 자존심에 분기탱천하는 사람들이다. 대부분 스스로를 '정의를 사랑하는 평범한 시민'이라고 칭하지만 사실 정말로 평범한 사람들은 아니다. 이들은 대부분 몇 가지 심리적 문제를 겪고 있는데, 다음 2가지가 대표적이다.

1) 이상주의적/비현실적 사고
2) 대大를 위해 소小를 희생시킨다는 강박관념

이상주의가 세상을 이끈 것은 어디까지나 현실에 기반했기 때문이다. 현실을 먼저 직시한 뒤에 개선시킬 방법을 찾아야 하는데, 대의명분에 집착하는 사람들은 이상을 위해 현실을 희생시킨다.

이들은 기업 불매 운동 혹은 반일 운동을 하겠다고 주변 사람들에게 무조건적인 고통과 손해를 강요한다. 아무리 대의명분이 중요해도 일단은 내가 먼저 살고 봐야 의미 있는 법이다. 즉, 나를 희생해서 대의를 지키겠다는 것은 '현실성 없는 행동'이다. 문제는 남들에게 이런 현실성 없는 행동을 강요하다가 결국 자기가 거짓말을 한다는 점이다.

물이 위에서 아래로 흐르듯 사람은 힘든 삶에서 벗어나 편한 삶을 찾게 돼 있다. 우리가 현재 겪고 있는 맞춤법 파괴나 표준어 발음 이탈 현상은 모두 편한 것을 찾는 인간의 본성을 반영한 것이다. 전세계 모든 언어가 모두 다 이런 현상을 겪으며 현대어로 발전했으며, 법과 질서, 규범과 행동양식, 심지어 예술 작품조차도 모두 인간들의 '편한 삶'을 최대한 보장해 주기 위해 발달해 왔다.

대의명분에 집착하는 사람들은 이런 사실을 인정하지 않는다. "큰 것을 위해 작은 것쯤은 희생되어야 한다"며 사람들을 압박한다. "나 하나쯤이야 라는 생각 때문에 세상이 멸망할 수도 있다"며 공갈협박에 힘을 쏟는다.

그러면서 자신은 누구보다 먼저 편한 삶을 찾는다. 남들에게 비현실적인 이상주의를 강요하다가 결국 본인이 현실주의로 흘러간다. 입으로만 이상과 진보, 정의를 외치면서 정작 자신은 현실주의적 편한 삶을 위해 자신의 대의명분과 주변 사람들을 배신한다.

한국 반미 주의 정치인들의 인생은 이런 거짓말의 패턴을 잘 보여 준다. 사람들에게 끊임없이 반미와 민족주의를 강요하면서, 자신의 자식들은 미국에 유학을 보내 편한 삶을 보장받아 왔다. 강남 사교육 시장을 비판하면서 정작 자신의 자식들에겐 강남 사교육의 이점을 적극 제공해 왔다. 앞서 설명한 도덕군자 거짓말쟁이들과 같은 패턴이다. 보다 거창한 주제로 확장됐을 뿐.

14. 우리 편 집착

2017년 최고 화제작 중 하나였던 영화 「범죄도시」는 시작과 동시에 이런 대사가 나온다. "같은 동포끼리 좀 봐주시라요." 그러자 악당이 웃으며 말한다. "우리 두목이 제일 싫어하는 말이 같은 동포끼린데?" 폭력의 카타르시스를 다룬 이 영화는 "그래도 같은 한인인데"라는 정서를 진하게 깔고 있다. 그리고 이 "같은 한인"끼리 서로 죽고 죽여 왔으며, 지금도 앞으로도 계속 그럴 것이란 사실을 보여 준다.

외국 나가면 제일 조심해야 할 것이 "같은 한국인"이라고 한다. 물론 모든 해외 주재 한국인들이 전부 당신에게 사기를 치기 위해 달려드는 것은 아니다. 하지만 외국에 나가 봤던 모든 이들이 공통적으로 말하는 주의 사항은 그렇다: "같은 한국 사람끼리"라고 입을 터는 한국인은 반드시 당신의 등을 치고 골수를 파먹을 것이라고. 같은 민족, 같은 고향, 같은 학교 같은 지인을 들먹이며 '같은 편'임을 과시하는 사람은 그럴 만한 이유가 있기 때문이다.

'같은 편'을 강조하는 사람이 실은 당신에게 '가장 무서운 적'이라는 사실은 이미 널리 알려져 있다. 그래서 '너와 같은 편이 너의 가장 무서운 적'이라는 주제의 소설과 영화와 드라마, 뮤지컬, 오페라 등이 넘쳐 난다. 사람들은 이런 이야기들을 들을 때는 눈물을 흘리며 공감하지만, 뒤돌아서면 영락없이 모든 사고가 초기화된다. 그래서 전과 다름없이 같은 편을 찾고, 같은 편에 속으며, 같은 편에 남김없이 털린다.

'같은 편 게임'은 언제나 이런 본성을 갖는다. 누구도 당신이라는 인간의 편을 들지 않는다. 이들이 편드는 것은 당신의 '이용 가치'다. 그래서 이용 가치가 떨어지면 그 즉시 당신의 적으로 돌아선다.

사람들은 그래도 여전히 속는다. 같은 민족이니까, 같은 고향이니까, 같은 학교 다녔으니까, 같은 여자니까. 이런 일고의 가치도 없는 전근대적 공통 분모에 자신의 목숨을 맡긴다. 그리곤 목숨을 잃는다. 도태를 당한다. 사회적 지위가 낮을수록, 형편이 어려울수록, 약하고 무능할수록 내 편에 집착하게 된다. 그리고 뒷통수를 맞는다.

그리고 사람들은 종종 같은 집단 내에서 더 강한 갈등을 겪는다. 우리 편에 집착하는 이들은 우리 편인 줄 알았던 사람이 우리 편 노릇을 하지 않으면 죽창을 들고 일어난다. 좌파 정권이 들어설 때마다 빠짐없이 '정권 규탄 시위'를 벌인 민노총이 대표적인 사례. 지금 정권은 우리 편인데, 어째서 우리 편을 들어주지 않느냐고 생떼를 쓰는 것이다. '같은 편 게임'의 태생적인 비극이다. 편 가르기 놀이는 한 번 시작하면 멈출 수가 없다. 쟤는 우리 편일까 남의 편일까. 우리 편을 정의하기 위한 이분법적 사고는 필연적으로 의심과 강박증을

거짓의 패턴

낳는다. 조금이라도 공감대가 틀어지면 그 즉시 편 가르기 강박증이 발동된다. 그 결과, 오늘의 혈맹이 내일의 적이 된다. 좌파 정치 세력이 끊임없는 분열로 자멸하는 까닭은 그런 이유 때문이다.

세상에 진정한 당신의 편은 존재하지 않는다. 당신을 평생 배신하지 않을 유일한 사람은 오직 당신뿐이다. 그나마 배신의 가능성이 가장 낮은 타인은 당신의 혈육인데, 정말로 당신 편인 당신의 혈육은 결코 당신에게 '같은 편'이라는 말을 하지 않는다. (그런 말을 하는 혈육은 정작 필요할 때 편이 돼 주지 못하거나 교묘하게 당신의 인생을 망치는 편에 서게 된다.)

그러니 말한다. '같은 편'을 강조하며 접근하는 자는 예외없이 당신의 미래의 적이라고. 당신이 '같은 편'에 집착할수록, 당신의 인생은 세월이 갈수록 고통으로 가는 길을 걸을 수밖에 없다고.

15. 결과가 아닌 의도

지금까지 살펴본 거짓말쟁이 패턴 14가지에는 한 가지 예외 없는 공통점이 있다. 결과가 아닌 의도를 중시한다는 것이다. 결과보다 의도가 중요하다. 이는 거짓말의 본질이다. 거짓말의 정의가 그렇다: 말과 행동이 다른 것. 의도와 결과가 다르다면 이 사람은 그 의도와 과정이 어떠했든 변명의 여지 없는 거짓말쟁이다. 의도했든 안 했든, 어떤 이유/변명/핑계가 있든, 결과적으로 거짓말을 한 것이기 때문이다. 그래서 "결과보다 과정이 중요하다"고 말하거나, 그렇게 믿는 사람들은 예외 없이

1) 거짓말쟁이이거나
2) 거짓말쟁이에게 피해를 입을 사람이다.

지금껏 살펴본 거짓의 인간 패턴들을 다시 보자. 사교성, 인간미, 약속, 선함, 명분, 우리 편… 모두 결과가 아닌 의도다. 결과는 안중에 없고, 단지 '의도가 좋으니 결과도 좋겠지'라는 환상에 갖게 만드는 것이다. 유리 겔라, 김찬경, 황우석, 그 외 TV에 나와 사람들을 속였던 사람들 모두 같은 말을 했다: "나는 당신을 속일 의도가 없(었)다"고. 조폭, 범죄자, 반체제 폭력 테러리스트들도 같은 말을 한다: "우리는 선한 의도로 그런 거라고. 결과가 잘못된 것은 어디까지나 저들 혹은 너희들 탓"이라고.

사람을 죽였어도 의도가 선했다면 죄가 아니라는 논리다. 남의 재산을 강탈하고 패가망신하게 만들어도 원래 의도는 그런 게 아니었으니 잘못한 게 없다는 논리다. 악질 범죄자의

전형적인 논리임에도 대부분의 사람들이 여기에 속한다. 의도는 좋았으니까. 사람은 착하니까. 내게 잘해 줬으니까. 같은 사기꾼에게 두 번 세 번 열 번 속는 피해자들을 보며 우리는 어쩌면 저렇게 멍청할 수 있을까 혀를 찬다. 하지만 우리 대부분은 이 피해자들과 다르지 않다. 결과보다 의도가 중요하다며, 선한 사람, 양심적인 사람, 솔직한 사람인 척 접근하는 사람을 믿는다. 이 사람은 거짓말할 사람이 아니라며 아무 말이나 믿고 따른다. 그리고 똑같이 패가망신한다.

이것이 여전히 '멍청한 남의 일'처럼 느껴진다면 당신은 세상 물정 모르는 어리석은 사람이다. 당신이 좋아하는 정치인을 떠올려 본다. 당신이 믿고 따르는 이 사람이 어떤 공공의 적을 처단하겠다고 테러를 일으켰다면, 하지만 이 테러가 무고한 사람들만 몰락시키고, 적의 입지만 강화시켰다면, 당신들 상당수는 그럼에도 여전히 이 무능한 범죄자를 영웅이라고 치켜세울 것이다. 이게 거짓말에 속아 패가망신하는 사람들의 심리다. 결과보다 의도라는 것이다. 장밋빛 약속, 선한 인간성, 우리 편, 진심 등의 명분에 제 자신을 희생시키는 것이다. 결과야 어찌됐든, 의도만 옳다면 내가 죽거나 파멸해도 상관없다는 어리석기 짝이 없는 심리인 것이다.

우리는 다시 한번 거짓말 구분법의 의미를 되새긴다. 좋은 사람 나쁜 사람, 옳은 사람 그른 사람을 가리는 게 아니다. 내게 해가 될 사람, 내게 피해를 끼칠 사람, 내 인생을 불행하게 만들 사람을 가려내는 것이다. 내게 도움이 되는 사람, 내게 무해한 사람만 남겨두는 것이다. 당신이 지금껏 '결과보다 의도'라는 생각으로, 착한 사람, 정 많은 사람, 매력적인 사람을 가까이 뒀다면 당신은 지금껏 사례로 본 사기 사건의 피해자가 될 수 있다.

그러니 다시 강조한다. 거짓말의 제1 물리법칙이다: 결과가 아닌 의도를 중시하는 것. 결과보다 의도가 중요하다면 이것으로 이미 거짓말쟁이이거나, 거짓말의 피해자다. 거짓말쟁이 사기꾼은 물론 결과도 포장한다. 장밋빛 미래라는 미끼를 던져 놓고 덫에 걸리게 한다. 하지만 이들이 언제나 더 중시하는 것은 의도다. 일단은 의도가 선해 보여야 사람들이 안심하기 때문이다. 사람들은 장밋빛 미래보다 상대의 선한 의도에 더 쉽게 마음을 놓기 때문이다.

당신이 결과보다 의도가 중요하다는 생각이라면, 당신은 누구보다 먼저 악질적 거짓말의 피해자가 된다. 그런 생각이 없어도, 자기도 모르게, 단지 그런 마음으로 기울더라도 당신은 악질적 거짓말의 피해자가 될 수 있다. 당신은 사람과 금전적/경제적/비즈니스 거래를 할 때, 목적지향적 마음을 잃으면 안 된다. 당신이 사람과 금전적/경제적/비즈니스 거래를 할 때, 관계지향적 마음을 가지면 십중팔구 지독한 피해를 입을 것이란 생각을 해야 한다. 어떤 사람을 곁에 두는지도 중요하다. 하지만 그보다 더 중요한 것은 당신 자신의 사고 방식과 습관이다.

1) 의도가 아닌 결과
2) 진심이 아닌 행동
3) 관계가 아닌 목적

이 사고 방식과 습관으로 살아야 거짓말의 피해자가 되지 않는다. 인간관계에 피눈물 흘리지 않고 오래 행복하고 평온한 인생을 영위할 수 있다.

거짓말쟁이를
가장 쉽고
빠르게

구분하는 방법

앞서 설명한 거짓말쟁이들의 겉으로 드러나는 특징들을 알기 쉽게 정리합니다. 거짓말쟁이를 가장 쉽고 빠르게 구분할 수 있는 포인트들입니다. 아래의 행동 패턴을 자주 보이는 사람일수록 주변 사람을 실망시키거나 배신할 확률이 높으니 주의가 필요합니다.

1. 과도하게 열성적

우리 주변에서 가장 흔히 볼 수 있는 거짓말쟁이 유형은 '처음부터 호들갑 떠는 사람들'이다. 어떤 사람이든 처음부터 과도하게 열성적이면 조심해야 한다.

산이 높으면 계곡이 깊다. 사람의 마음은 자연물과 같아서

뜨겁게 달아오를수록 급하게 식는다. 사랑, 기쁨, 슬픔, 열정, 대부분 그렇다. 처음부터 누구보다 열성적으로 호들갑을 떠는 사람들은 시간이 지나면 무관심해지고 싸늘해진다.

감정의 높낮이 때문만은 아니다. 처음부터 열성적이면 그만큼 기대치가 높다는 뜻도 된다. 기대치가 높으면 실망할 가능성도 높다. 그래서 아무것도 아닌 일에 쉽게 관심을 잃거나 거부감을 느낀다.

이 때문에 의도하지 않은 거짓말을 하게 된다. "내가 반드시 꼭 100%" 이런 식으로 다짐에 다짐을 해 놓고 얼마 지나지 않아 "미안하게 됐다"고 연락을 끊거나, "내가 언제 그랬냐"는 식으로 말을 바꾼다.

처음부터 온갖 미사여구와 과장법을 동원해 가며 열렬한 관심을 보이는 사람들을 '고마운 사람이다' 내지는 '도움이 될 사람이다'라고 생각하는 순간 당신은 대단히 높은 확률로 불행한 일을 겪게 될 것이다. 이런 사람들은 보면 곧바로 '저러다 금방 말겠구나'라고 생각을 해야 피해를 최소화할 수 있다.

2. 쉽게 포기함

일이 잘 안 풀리면 넋 놓고 딴짓을 하기 시작하는 사람들이 있다. 쉽게 포기하는 사람들이다. 어떤 상황 판단이나 전략적

계획에 의해 포기를 하는 것이 아니라 버릇처럼 '그냥 하기 싫어서' 안 하는 사람들이다.

이유도 가지가지다. 해도 안 되는 걸 어쩌란 말이냐, 노력 낭비라서, 능률이 안 올라서, 적성에 안 맞아서, 이런저런 변명은 많지만 결국 원인은 하나다. 무책임함.

사회생활을 할 때면 사람은 두 가지 종류로 나뉜다. 책임감이 강한 사람과 무책임한 사람. 책임감이 강하면 조건이 맞지 않아도, 아무리 싫어도 처음 약속대로 한다. 무책임하면 아무리 굳게 약속을 했어도 매번 말이 바뀐다. 매번 변명과 핑계가 늘어난다. 그리고 약속은 지켜지지 않는다. 지켜지더라도 만족스럽지 못한 결과를 얻는다.

무책임한 사람들의 특징은 발견하기 어렵지 않다.

1) 일을 맡아 놓고 하기 싫은 티를 심하게 냄.
2) 일을 맡아 놓고 쉽게 흥미와 집중력을 잃음.
3) 산만함, 자주 옆 길로 샘, 자꾸 주제에 벗어나는 얘기를 함.
4) 감정에 따라, 기분에 따라 이랬다 저랬다—일관성이 없음.
5) 공사를 구분하지 못함, 개인적인 일에 관심 더 많음.

이들을 발견하는 것은 쉽지만, 이들을 믿지 않는 것은 쉬운 일이 아니다. 왜냐하면 '사람 좋아 보이기' 때문이다. 쉽게 포기하는 무책임한 사람일수록 매력적일 가능성이 높다. 매사 우직하고 경직된 사람보다는 재미있고 인간적이다. 즉, 인간적으로 끌린다는 이유로 이런 유형의 거짓말쟁이들을 믿고 피해를 입는다.

이런 사람들과는 사적으로 어울리면 된다. 사적으로 만나는 친구면 족하다. 하지만 친근하고 매력 있다고 업무 관계 혹은 금전 관계를 맺으면 당신은 심각한 스트레스에 시달리게 될 확률이 높아진다. 심부름 같은 사소한 약속, 계약 관계만으로도 당신은 적잖은 피해를 볼 수 있다.

3. 눈에 띄는 일만 함

정치인들에게서 쉽게 보는 행동이다. 불우 이웃들과 기념사진을 찍고, 참사 현장에서 우는 척을 하고, 하지도 않을 프로젝트를 발표하고, 어느 정권이든 흔하게 보는 꼴이다. TV나 신문기사로 볼 때는 이들의 거짓된 의도를 쉽게 알아차릴 수 있다. 하지만 나와 가까운 사람이 가까이서 그럴 때는 쉽게 알아차리기 어렵다.

생색내기나 자기PR은 나쁜 행동도 아니고 거짓된 행동도 아니다. 문제는 생색내기와 자기PR을 위해 다른 사람들에게 피해를 주는 경우다. 해야 할 일을 하지 않는 경우, 약속을 지키지 않는 경우다. 보이는 일에만 적극적이고, 보이지 않는 일은 본능적으로 내팽개치는 것이다.

과도하게 열성적인 속성의 연장선이다. 눈에 띄기 위해, 사람들에게 좋은 인상을 남기기 위해 처음부터 과도하게 열성적인 것이다. 그러다 더 이상 눈에 띌 일이 없어지면 즉시 열의를 잃는 것이다. 이 사람이 나쁜 놈이다, 어떤 악의가 있어서 그렇다고 생각하기 쉬운데, 정말 그런 경우는 드물다. 대부분은 자기도 모르게 그렇게 한다. 원래 그런 기질을 타고난 것이다. 본능적으로 스포트라이트를 받을 일만 골라서 하고, 그렇지 않은 일에는 몸을 사리는 것이다.

당신은 이런 사람들을 비난하고 욕하기 전에 미리 가려낼 생각을 해야 한다. 당신이 그런 놈들에게 피해 보지 않으면 그만이다. 처음부터 과도하게 열성적인 패턴만 파악해도 이런 유형을 쉽게 가려낼 수 있다. 사람이 성실하고 적극적이다, 인상 좋다, 일 잘할 거 같다, 그런 느낌이 들면 혹시 이 사람에게 '정치인 기질'이 있는 게 아닌가 의심한다. 이 사람이 지금 이렇게 열성적인 게 혹시 눈에 띄는 일만 하고 내빼려는 것은 아닌지 생각해 봐야 한다. 물론 모든 사람들이 다 그럴 것이란 법은 없다. 하지만 이 사람이 눈에 띄는 일에만 에너지를 탕진하고, 그렇지 않은 일에는 무기력증을 보일 수 있다는 생각은 해 봐야 한다. 그런 의심 한 번쯤 해 본다고 손해/피해

볼 일은 전혀 없다.

4. 쓸데없는 말이 많음

 쓸데없는 말이 많은 사람만 걸러도 당신은 거짓말쟁이, 범죄자 무능력자 80% 이상 걸러낼 수 있다. 계속 같은 말을 반복해서 하는 사람, 쓸데없는 설명, 사족이 많은 사람, 자꾸 뭔가를 강조하는 사람, 이런 사람들은 무조건 일단 의심하고 봐야 한다. 특히, 자꾸 상대의 양해를 구하려는 사람, 자기 변명을 늘어 놓는 사람, '그런 게 아니라'는 식 표현에 집착하는 사람, 상대 비위를 맞추거나 눈치를 보는 발언을 하는 사람은 99% 거짓말을 하고 있거나, 하게 될 것이란 확신을 가져야 한다.

 단순히 사회적 예의를 위해 그러는 경우도 있을 수 있다. 이메일이나 문서로 소통을 하는 경우에는 충분히 그럴 수 있다. 기록에 남기 때문에, 혹은 절차상 과하게 예의를 차려야 할 수 있다. 하지만 개인 간 대화를 하는데 그런 말이 많다 싶으면 당신은 이 사람을 기피 인물로 낙인찍어야 한다. 이런 사람을 가까이했다간 매우 심각한 피해를 입을 수 있다는 생각을 해야 한다.

 1) 자기소개가 길고 장황함.

2) 과도하게 겸손함.

3) 변명 핑계가 많음.

4) "오해 말고 들어 달라" 따위 말을 함.

5) "정말정말 진짜진짜 맹세컨대" 따위 표현 남발.

6) 진심 타령.

7) 잘 모르면서 (끼어들어) 아는 척.

8) 쓸데없는 설명, 덕지덕지 사족이 주렁주렁.

9) 목적과 관련 없는 쓸데없는 말 많음. '뭣 때문에 저런 말을 하지, 저런 말은 안 해도 될 텐데' 싶은 경우.

5. 오버함 overacting

"온몸이 부서져 가루가 될 것"이라는 표현처럼 쓸데없는 말도 없다. 문제가 있으면 문제를 지적하거나 문제를 해결하면 될 일이다. 쓸데없는, 도를 넘는, 안 해도 될 표현을 하는 까닭은 애당초 그럴 생각이 전혀 없었기 때문이다.

이런 표현을 제일 자주 쓰는 사람들이 아이러니하게도 좌파 운동권이다. 좌파 운동권 우두머리들은 언제나 이런 식으로 과격한 언사를 통해 자기 희생을 강조한다. 그리고 그 희생을 다른 사람에게 강요한다. 극렬 좌익 운동으로 죽거나 감옥에 가는 사람은 언제나 "온몸이 부서져 가루가 될 것"이라고 호들갑 떤 사람이 아닌, 그 밑에 있던 다른 사람들이다. 말하자면 정치적 제스처인 셈이다. 보여 주기식 쇼쇼쇼인 것이다. 중요한 건 이런 언동 자체가 거짓말이라는 것이다. 의도를 했든 안 했든, 거짓말이 될 수밖에 없는 행동이라는 것이다.

"온몸이 부서져 가루가 될 것" 같은 극단적 표현을 보면 당신은 이것이 전형적인 거짓말의 패턴이라는 사실을 이해해야 한다. 처음부터 과도하게 열성적, 눈에 띄는 일만 하기, 쓸데없는 말이 많음, 이 모든 패턴이 저런 과격하고 극단적 표현으로 나타난다. 물론 이 말을 할 때만큼은 진심이었을 수 있다. 하지만 의도와 생각은 중요하지 않다. 중요한 건 결과다. 거짓말쟁이들은 절대로 결과를 내지 않는다. 이들에게 존재하는 것은 오직 의도와 생각, 그리고 보여 주기 쇼쇼쇼뿐이다.

다시 말한다. 산이 높으면 계곡이 깊기 마련이다. 처음부터 잘해 주는 사람일수록 금방 식기 마련이며, 화려한 불꽃놀이일수록 금방 끝나기 마련이다. 그래서, 앞으로 저런 표현을 하는 사람을 보면 저건 '자기 자신을 향한 거짓말'이라는 생각을 해야 한다. 말만 저렇게 하고 다음 주쯤 자기가 언제 그랬냐는 듯 입 싹 씻을 것이라고 예상해야 한다.

6. 부정적인 말은 절대 하지 않음

이 거짓말 패턴은 이미 당신들에게도 익숙하다. 온라인에서 광고성 글을 판별할 때 당신들은 이 기준을 적용한다. 누군가 어떤 대상에 대해 무조건 칭찬만 하면 당신은 본능적으로 '광고'라고 판단한다.

광고는 그렇게 잘도 구분하면서 정작 지인들이 하는 똑같은 패턴의 거짓말은 구분을 하지 못한다. 여기 소개된 거짓말 패턴은 광고쟁이든 지인이든 회사 동료든 친구든 부모든 다 똑같이 적용된다. 내가 잘 아는 사람이니까 예외라고 생각하면 당신은 이미 거짓말의 피해자인 셈이다.

어떤 대상에 대해 무조건 긍정적인 말만 하고 부정적인 말은 단 한마디도 하지 않을 경우, 언제나 예외 없이 거짓말일 확률이 대단히 높다는 사실을 예상해야 한다. 세상 모든 것에는 장단점이 있기 마련이다. 정말로 장점만 있는 것처럼 보여도, 시간이 지나고, 상황이 변하고, 사람이 바뀌면 단점이 나타나게 돼 있다. 그런데도 곧 죽어도 단점은 절대로 없고 영원히 장점만 있는 것처럼 주장을 한다면 이것 자체가 거짓말인 셈이다.

가장 흔하게는, 잘 모르기 때문일 수 있다. 이제 처음 막 겪고 보고는 성급한 마음에, 쉽게 흥분하는 감정적 성격 때문에 단점은 보지 않고 장점에만 열을 올리는 것일 수도 있다.

가장 현실적으론, 단점을 이야기하는 것이 자신에게 불리하기 때문일 수 있다. 자기 방어, 즉 과시의 또 다른 갈래다. 본인도 이성적으로 혹은 직관적으로 어떤 나쁜 점이 있는지 알고 있더라도 괜히 말하기가 싫은 것이다. 왜냐하면 그렇게 객관적인 태도를 취하면 사람들로부터 괜한 동정심을 사거나, 자신의 뜻대로 따라오지 않을 수 있기 때문이다.

굳이 장사꾼/사기꾼이 아니라도 이런 류의 거짓말은 주변에서 흔히 볼 수 있다. 남편 자랑, 아내 자랑, 부모 자랑, 집 자랑, 동네 자랑 등은 대부분 이런 유형의 거짓말이다. 남편을 마치 세상에서 가장 좋은 남자인 것처럼 남에게 자랑을 하면 그것은 대부분 거짓말일 수밖에 없다. 자기 사는 동네를 단점은 하나도 없는 지상 낙원으로 묘사하는 것 역시 거짓말일 수밖에 없다. 왜. 처음에는 장점만 있는 것처럼 보여도, 시간이 지나고 상황이 변하면 어떤 식으로든 단점이 드러날 수밖에 없기 때문이다.

그래서 아무리 만족스러운 조건이라도, 거짓말이 아니라면, 1) 아예 처음부터 자랑을 하지 않거나 (혹은 절제하거나), 2) 최대한 객관적인—현실에 근접한 설명을 하게 된다. 외국에 사는 사람들을 예로 들어보면, 현지에서 충분히 존중받는 (그리고 풍족한) 인생을 살고 있는 경우에는 자랑을 삼가거나, 단점도 아무렇지 않게 섞어 가면서, 최대한 객관적이고 중립적인 입장에서 자신이 사는 지역을 이야기하게 된다.

그러나 현지에서 실제로는 궁핍한 생활을 하고 있거나, 존중받지 못한 인생을 사는 경우, 몹시 애를 써서 자신의 상황을 자랑하고 과장하고, 오직 장점만 있는 것처럼 이야기를 할 수밖에 없다. 다시 말하지만, 인간은 그렇게 만들어졌기 때문이다. 결핍은 거짓말을 낳고, 거짓말은 과시와 왜곡과 비현실적 미화를 낳기 때문이다.

7. 듣기 좋은 말만 함

부정적인 말은 절대 안 하는 것과 같은 맥락이다. 부정적인 말을 하지 않으니 당연히 듣기 좋은 달콤한 말만 하게 된다. 『남자 구분법』에 지속적으로 강조한 이야기다. 애정 표현에 능할수록, 장밋빛 미래에 열성적일수록 나쁜 남편감이라고. 이 논리는 인간관계 전반에도 적용된다. 좋은 말만 하는 것은 상대방의 환심을 사고 의심을 지우려는 본능적인 행동이다. 거짓말이니 당연히 포장을 할 수밖에 없는 것이다. 약속을 지킬 생각이 없으니 당연히 말을 듣기 좋게 하는 수밖에 없다. 남편감이든 친구든 지인이든 아니면 생판 모르는 처음 보는 사람이든 거짓말의 패턴은 동일하다. 크고 화려하고 달콤할수록 거짓말이다. 당신은 평소 집을 사거나 차를 사거나 식당에 가거나 쇼핑을 할 때는 크고 화려하고 달콤한 걸 사도 된다. 하지만 사람의 말은 아니다. 사람 말은 크고 화려하고 달콤하면 거짓이다. 이 책의 도입부에 말했던 거짓의 기원을 다시 이야기한다. 인간의 말이 곧 거짓이라고. 말은 적을수록 거짓에서 멀어지고, 많을수록 거짓에 가까워질 수밖에 없다. 마찬가지다. 말은 크고 화려할수록, 달콤할수록 거짓말일 수밖에 없다. 그게 거짓말의 필연적 생리다.

8. 온정주의 호소

앞서 말한 "우리 편 집착"의 연장선이다. 한국이 사기 공화국이 된 가장 큰 이유다. 온정주의와 가족주의 문화가 일부 사기 사건에서 악용될 수도 있다. "나는 착한 사람", "그리고 너의 편", "그러니까 나 좀 도와줘" 이 삼단논법이면 한국인 10명 중 8명은 사기에 넘어간다. 한국이 어쩌다 온정주의 가족주의 사회가 됐는지는 여기서 분석하지 않는다. 여기서 당신이 알아야 할 것은 온정주의 가족주의는 한국에서 발생하는 모든 사기 범죄의 80% 이상을 차지한다는 사실이다.

"가족 같은 분위기", "가족 같은 관계", "형제와 다름 없는 사이", "우리 사이에", "우리 동기/동창끼리", "우리 민족끼리", "선한 의도", "선한 영향력", 이런 말을 지껄이는 사람은 80%

의 확률로 사기꾼이거나 거짓말쟁이라는 것이나 마찬가지다. "같은 편"임을 강조하거나, 선량함을 광고하거나, 동정심을 자극할 경우, 이 사람은 100% 당신을 이용해 먹을 생각 중이라는 사실을 기억해야 한다.

결론적으로, 당신에게 거짓말을 하지 않을, 당신에게 사기칠 확률이 가장 낮은 사람은 온정주의에서 가장 거리가 먼 사람이다. 온정주의가 아닌 현실주의, 관계가 아닌 자립에 집중하는 사람이다. 거짓말 구분법을 이진법 논리로 정리하면 그렇다. 반드시 그렇다고 할 수는 없지만 최소 80% 이상의 확률이다. 그들이 원래 어떤 의도를 갖고 있는지는 전혀 중요하지 않다. 본디 선하디 선한 의도뿐이었더라도, 온정주의와 인간관계에 집착하는 사람은 결국 어떤 식으로든 당신을 배신하게 돼 있다. 그게 지금껏 설명한 거짓말의 생리다. 본인의 의도와 관계없이, 어쩔 수 없이 반복되는 거짓말의 자연 현상이다.

맺음말

 우리는 세상 모든 사람을 속속들이 파악할 수 없다. 그것은 애초에 불가능하며, 애쓰다 보면 불필요한 에너지 소모만 따를 뿐이다. 그러나 당신 곁에 둘 사람은 다르다.
 겉모습이 아닌 본질을 꿰뚫어 볼 수 있어야 한다. 그렇지 않다면, 거짓된 신뢰로 인해 인생의 커다란 재앙을 맞닥뜨릴 수도 있기 때문이다.
 오랜 시간 고민했다.

 믿을 수 있는 사람을 찾는 법.
 신뢰할 만한 사람인지 판단하는 법.

그리고, 내가 신뢰받는 사람이 되는 법.

그러나 세상은 쉽게 진실을 드러내지 않는다. 사람들은 겉으로는 진실한 듯 이야기하지만, 그 속에 숨은 진짜 심리는 좀처럼 말하지 않는다.

그러므로 거짓말의 원리를 이해해야 한다. 거짓을 말할 수밖에 없는, 거짓된 행동을 할 수밖에 없는 인간의 본능을 알아야 한다.

그것이야말로, 당신이 진짜 소중한 사람을 곁에 두고, 평생을 함께하며 신뢰를 쌓을 수 있는 유일한 방법이다.

이 책이, 당신이 진실을 꿰뚫어 보는 힘을 기르는 데 작은 보탬이 되었기를 바란다.

그리고 언젠가, 당신 역시 누군가에게 신뢰받는 사람으로 기억되기를.

참고

15쪽

기억의 불완전함: 내 기억은 얼마나 진짜 기억일까?

16쪽

1) 350억 원 유산 사기극 '인생 몰락', KBS뉴스, 2010.05.10.

2) 불꽃 목사의 수상한 축복, SBS 뉴스, 2013.10.19.

    1)   2)

22쪽

  1) 의도된 거짓말을 감지하는 방법 1 (영문)

  2) 의도된 거짓말을 감지하는 방법 2 (영문)

  3) 의도된 거짓말을 감지하는 방법 3 (영문)

  4) 얼굴 근육의 움직임으로 거짓말을 가려내는 법

    1)   2)   3)   4)

129쪽

쟈니 카슨 쇼에서 망신당하는 유리 겔라

지은이 이드페이퍼

'월간이드'를 비롯해 인간, 사회, 문학, 예술 인문학 콘텐츠를 전자책으로 발행해 왔으며, 아마추어 작가들의 출판 커뮤니티 플랫폼을 운영 중이다. (https://idpaper.co.kr/)

출간작
『남자 구분법』
『남자 대처법』
『강철멘탈 되는 법』
『매력이란 무엇인가』
『거짓말 구분법』

거짓말 구분법

초판 1쇄 2025년 4월 30일

지은이 이드페이퍼

펴낸곳 데이윈
출판등록 2017년 8월 31일 제2021-000322호

ⓒ 이드페이퍼, 2025
ISBN 979-11-7335-084-9 03320

* 「Headstrong」, 「9」, 「헬리콥터」, 「햇빛」 KOMCA 승인필
* 저작권 허가를 받지 못한 일부 작품에 대해서는 추후 저작권이 확인되는 대로 절차에 따라 계약을 맺고 합당한 저작권료를 지불하겠습니다.
* 잘못된 책은 구입하신 서점에서 바꾸어 드립니다.
* 이 책의 전부 또는 일부를 이용하려면 저작권자와 펜슬프리즘(주)의 서면 동의를 받아야 합니다.
* '도서출판 데이윈'은 펜슬프리즘(주)의 임프린트입니다.
pencilprism.co.kr